당신의 말이
사람을 변화시킨다

당신의 말이 사람을 변화시킨다

2판 2쇄 발행 2024년 9월 1일

지은이 | 박필
펴낸이 | 김영숙

펴낸곳 | 생명의글
등 록 | 1999. 11. 06. 제 26호
주 소 | 서울특별시 강남구 수서동 707번지
전 화 | (대표) 010-2764-0102

홈페이지 | 생명언어설교연구원: www.preach.hompee.com
　　　　　　발아의 집: www.happymaker.net

E-mail | chc024@daum.net

교 정 | 이윤경
디자인 | 참디자인

ISBN 979-11-85569-14-7 (03230)

책 값 | 13,000원

* 이 책은 출판사의 허락없이 무단 인용, 복제를 금합니다.
　이를 위반할 시 민형사상 책임을 지게 됩니다.

우리의 말 속엔 우리가 상상할 수 없는 하나님의 축복이 있다!

당신의 말이 사람을 변화시킨다

박필 지음

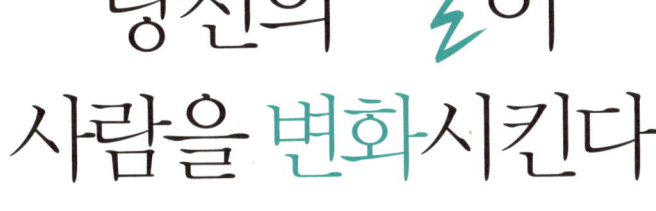

생명의글

| 추천의 글 |

변화를 만드는 말의 능력

『당신의 말이 사람을 변화시킨다』를 발간하게 된 것을 축하드립니다. 저자인 박필 교수님은 '요한 영성센터' 대표로 사역하면서 이미 『당신의 말이 기적을 만든다』(국민일보)를 발간하여 큰 호응을 얻은 것으로 알고 있는데, 이번에 『당신의 말이 사람을 변화 시킨다』를 출간하게 됨을 의미 있게 생각합니다.

이 책은, 읽음으로 큰 은혜를 받을 뿐 아니라 각각의 언어를 삶에 적용하므로 그 변화가 실제화될 것입니다.

이 책은 하나님이 우리에게 말을 주셨고, 하루라도 말을 하지 않고는 살 수 없는 우리의 삶 속에서 어떤 말이 우리 삶을 어떻게 변화시키는지, 또한 하나님의 음성을 듣는 것이 우리 삶에 얼마나 중요한지도 말하고 있습니다.

오래전 제가 아들 때문에 절망할 때 예수님은 저에게 조용히 "네 아들에게 감사하라"는 말씀을 하셨습니다. 무릎을 꿇고 기도하는 순간 저는 비로소 그 뜻을 깨닫게 되었습니다. 아들 진후가 아니었으면 저는 하나님을 찾지 않았을지도 모릅니다. 고통당하는 아들로 인해 하나님을 찾았고, 이제 하나님의 자녀가 되었으니 어찌 아들에게 감사하지 않을 수 있겠습니까? 하나님의 음성은 저의 모든 절망과 고통을 한순간에 씻기고 기쁨과 소망을 갖게 했습니다.

이 책이 말하는 나를 변화시키는 하나님의 음성을 들으며, 변화의 말을 하는 사람이 될 때 변화와 행복이 함께한다는 것을 말씀드리며, 로마서 8장 28절 말씀을 독자 여러분에게 선물하고자 합니다.

"하나님을 사랑하는 자 곧 그의 뜻대로 부르심을 입은 자들에게는
모든 것이 합력하여 선을 이루느니라"

박필 교수님의 영성을 통해 우리 삶을 하나님의 은혜로 바꿀 수 있음을 믿습니다. 이 책을 통해 독자들이 하나님이 주시는 변화와 행복을 얻으며, 새로운 삶의 변화가 일어날 것을 기대합니다.

정근모(전 과학기술처장관)

목차

추천의 글 · 4

글을 열며 · 9

1장 말이란?

1. 말의 비밀 · 13
'말은 하나님에게서 나온 것' · 사람에게 주신 말의 권세

2. 말의 권세 · 23
말은 육체에 영향을 미친다 · 말은 마음과 생각을 변화시킨다 · 말은 행동을 지배한다 · 말은 환경과 운명을 변화시킨다 · 말은 자아상을 변화시킨다 · 말은 하나님을 움직인다

2장 당신의 말이 변화를 만든다

1. 인정 언어 • 53

사람의 본질 · 창조와 사람 · 인정하는 말이란? · 가장 힘이 되는 말 · 삭개오와 예수님 · 무시하는 말에 따르는 형벌

2. 격려 언어 • 67

헨델의 메시아가 나오기까지 · 격려 언어란? · 욥과 친구들 · 바울과 바나바 · 최고의 격려자 보혜사 성령 · 세례 요한과 예수님 · 십자가 밑에 있던 사람들 · 아이젠하워 대통령 · 월드컵 스타 안정환과 그의 아내 · 폴 투르니에가 만난 사람들 · 모든 사람에게 필요한 격려

3. 칭찬 언어 • 81

사람을 움직이는 칭찬 · 칭찬은 어떤 언어일까요? · 칭찬의 7가지 법칙 · 사람을 변화시키는 칭찬

4. Can의 언어 • 97

'Can'의 언어는 '할 수 있는' 사람을 만든다 · '할 수 있다'는 사람을 도우시는 하나님 · 나 스스로에게 주는 가장 귀한 선물 · 거대한 태산을 무너뜨리는 'Can의 언어' · 하나님이 주시는 변화를 만드는 'Can의 언어'

5. Will의 언어 • 111

말은 축복의 도구 · 말은 변화의 도구 · 만나는 사람마다에게 주는 가장 귀한 선물

6. 감사 언어 • 121

콜린 파월이 배운 삶의 교훈 · 감사 없는 생활과 저주 · 갈 때 마음과 올 때 마음 · 내 탓, 조상 탓 · 열 가지와 한 가지 · 에디슨의 감사 · 솔로몬의 축복

7. 진실 언어 • 139

조지 워싱턴의 정직 · 정직한 사람들이 누리는 행복 · 미국인이 가장 중요하게 생각하는 것 · 세 종류의 거짓말

8. 하나님의 말씀 • 145

영원한 생명을 주는 말씀 · 영혼의 생기 · 한완상 장관과 말씀 · 말씀으로 찾아오시는 하나님 · 말씀과 행복 · 우리의 인도자 · 어떻게 우리에게 말씀하실까요? · 철거민 촌에 교회를 세울 때 · 하나님의 뜻대로 하기를 사모하라 · 로고스인 성경 말씀을 묵상하라 · 마음이 청결해야 하나님의 음성을 듣는다

3장 생명을 주는 언어

1. 생명을 주는 언어 • 175

선생님의 말 한마디 · 행복한 순간, 불행한 순간 · 말로 받은 상처의 고통 · 마음의 병도 말에서 온다 · 언어문화의 차이 · 생명의 언어는 마음 치유 · 가장 중요한 말

글을 열며

성경속의 나타나는 말을 연구한지 30여 년이 넘어가면서 더욱 말의 능력을 실감하고 있습니다. 처음 말을 연구하게 된 동기가 '왜 사람들의 마음은 상하고 병이 드는 것일까? 왜 같은 인생을 살면서 어떤 사람은 실패하고 어떤 사람은 성공하는 것일까? 왜 사람은 변화되지 않는 것일까? 왜 어떤 사람은 불행하고 어떤 사람은 행복해하는 것일까?'라는 생각에서였습니다.

여기에 약방의 감초처럼 등장하는 것이 있는데 그것은 말이었습니다. 인생의 모든 희로애락(喜怒哀樂)에는 말이 있었습니다. 그래서 성경 속의 말을 연구하자 마치 보물 상자를 열듯이 놀라운 말의 보물들이 쏟아져 나왔습니다.

마음을 상하게 하고 병들게 하는 말을 들으며 자란 사람은 상하고 병든 마음을 갖게 되고, 실패하게 만드는 말을 듣고 자란 사람은 실패하는 사람이 됩니다. 그러나 성공의 말을 듣고 자란 사람은 성공하는 사람이 됩니다. 불행의 말이 불행한 사람을 만들고, 행복의 말이 행복한 사람을 만듭니다.

성경속, 말을 연구하면서 1994년에 호주 시드니에서 시작된 '생명언어학교'는 지금 더 큰 변화의 폭풍이 몰려오고 있습니다. 생명의 말은 사람의 자아에 치유와 변화와 생기를 불어넣습니다.

이번에 출간한 『당신의 말이 변화를 만든다』는 『당신의 말이 행복을 만든다』(국민일보)를 수정하고 새 내용으로 보완하여 출판하게 되었습니다. 하나님이 우리에게 주신 놀라운 말의 권세를 누구나 쉽게 누릴 수 있게 될 것입니다.

하나님은 당신을 참으로 사랑하십니다. 그러하기에 끊임없이 놀랍고 새로운 은혜를 부어 주십니다. 당신은 지금 하나님의 놀라운 은혜 앞에 있습니다. 이제 곧 변화의 파도가 몰려올 것입니다.

당신은 변화를 만드는 사람입니다! 당신은 행복을 만드는 사람입니다!

You are change maker! You are happy maker!

요한 영성센터 대표 박필

1장

말이란?

1
"말의 비밀"

'말은 하나님에게서 나온 것'

요한복음 1장 1절에 "태초에 말씀이 계시니라. 이 말씀이 하나님과 함께 계셨으니 이 말씀은 곧 하나님이시니라"라고 했습니다. 여기서 '말씀'의 원어는 '로고스(Logos)'이며 영어로는 'Word'입니다. 성경 원어민 헬라어에는 영어와 마찬가지로 존댓말이 없습니다. 우리에게는 하나님의 말은 '말씀'이고, 사람의 말은 '말'입니다. 그러나 성경 원어는 우리말처럼 '말씀'과 '말'을 따로 구분하지 않습니다. 즉, 여기서 '말씀'이란 '말'과 같은 것입니다. 그러므로 원어 그대로 해석하면 "태초에 '말'이 계시니라. 이 '말'이 하나님과 함께 계셨으니 이 '말'은 곧 하나님이시니라"가 됩니다. 그렇습니다. 하나님은 '말'로 계셨고 '말'로 나타나셨으며, '말'은 곧 하나님 자신이셨습니다. 하나님은 천지만물과 봄·여름·가을·겨울의 자연의 섭리, 인간의 역사, 이 땅의 모든 것을 창조하셨지만 '말'은 하나님의 창조물이 아닙니다. 말은 태초에 하나님 자신이셨습니다. 그리고 하나님에게서 나왔습니다. 말은 하나님의 본체에 속한 것이었습니다. 때문에 말은 모든 피조세계를 지배하는 권능이 있는 것입니다.

'신의 손'을 만든 말

미국의 존스 홉킨스 대학병원 소아신경외과에는 '신의 손'이라는 별명을 가진 벤 카슨(Ben Carson) 박사가 있습니다. 그는 오늘날 의학계에서 '신의 손'이라는 별명이 전혀 어색하지 않을 만큼 세계 최고의 의술을 인정받고 있는 의사입니다.

벤 카슨이 저명한 의사가 된 데에는 특별한 이력이 있습니다. 먼저, 많은 의사들이 수술을 포기했을 정도로 생명의 불씨가 거의 꺼져 가던 4살짜리 악성 뇌암 환자와 만성 뇌염으로 하루 120번씩 발작을 일으키던 아이를 수술하여 완치시킨 일입니다.

그리고 1987년에 세계에서 처음으로 머리와 몸이 붙은 채 태어난 샴쌍둥이를 분리하는 데 성공한 일입니다. 샴쌍둥이로 태어나 불행한 앞날이 예고되었던 파트리크 빈더와 벤저민 빈더가 카슨 박사의 수술로 인해 새 생명을 얻은 것입니다. 이 수술을 통해 벤 카슨은 '신의 손'이라는 별명을 얻게 되었습니다.

그러나 신의 손을 가진 벤 카슨도 아주 어두운 성장기를 보냈다고 합니다. 어린 시절 그를 보고 지금과 같은 세계적인 의사가 되리라고 생각한 사람은 없었습니다.

벤 카슨은 디트로이트의 빈민가에서 태어나 8세 때 부모의 이혼으로 편모슬하에서 자라면서 불량소년들과 어울려 싸움질을 일삼는 흑인 불량소년에 불과했습니다. 그는 피부가 검다는 이유로 백인 친구들 사이에서 따돌림을 당했고, 초등학교 때에는 항상 꼴찌를 도맡아하는 지진아였습니다. 초등학교 5학년 때까지 구구단을 외우지 못했고, 산수시험을 한 문제도 맞추지 못하여 급우들의 놀림감이 되곤 했습니다.

이런 불량소년이 어떻게 오늘날 세계 의학계에서 신의 손이라는 칭송을 얻을 만큼 대단한 사람이 되었을까요?

어느 날 그에게 기자가 찾아와서, "오늘의 당신을 만들어 준 것은 무엇입니까?"라고 물었습니다. 이에 벤 카슨은 이렇게 대답했습니다.

> "나의 어머니, 소냐 카슨 덕분입니다. 어머니는 내가 늘 꼴찌를 하면서 흑인이라고 따돌림을 당할 때도 '벤, 넌 마음만 먹으면 무엇이든 할 수 있어! 노력만 하면 할 수 있어!'라는 말을 끊임없이 들려주시면서 내게 격려와 용기를 주셨습니다."

벤 카슨은 그의 어머니가 끊임없이 불어넣어 준 "노력만 하면 무엇이든 할 수 있다"는 말에 사로잡혀 중학교에 들어가면서부터 공부에 집중하기 시작했습니다. 그러자 성적이 오르기 시작해 우등생이 될 수 있었고 사우스웨스턴 고교를 3등으로 졸업했으며, 명문 미시간 대학 의대에 입학하여 '신의 손'을 가진 의사가 되었습니다.

빈민가의 불량소년, 꼴찌 소년, 놀림과 따돌림을 받던 흑인 소년을 오늘의 벤 카슨으로 변화시킨 것은 바로 그의 어머니가 끊임없이 들려준 말 한마디 때문이었습니다.

"벤, 넌 할 수 있어. 무엇이든지 노력만 하면 할 수 있어!"

성공한 사람의 배경에는 반드시 성공을 만들어 준 말이 있습니다. 사람의 변화 속에는 반드시 말이 있습니다. 행복한 사람의 배경에는 반드시 행복을 만들어 준 말이 있습니다. 말은 보이지 않지만 무한한 창조력과 힘을 가진 인생 최대의 에너지입니다. 때문에 잠언 18장 21절은 "죽고 사는 것이 혀의 힘에 달렸나니 혀를 쓰기 좋아하는 자는 혀의 열매를 먹으리라"라고 말씀하고 있습니다.

사람은 말의 열매를 먹고삽니다. 오늘의 삶이 말의 결과라는 것입니다. 말 속에는 크고 놀라운 비밀이 숨겨져 있기 때문입니다.

말의 숨은 보물

말은 단지 의사소통의 한 수단으로만 기능하는 것은 아닙니다. 말의 능력이 구체적으로 보이지 않는다고 해서 말하는 것을 사소하게 여길 수도 있지만, 말은 상상할 수 없는 생명의 에너지를 가지고 있습니다. 마치 태양 에너지가 모든 생물을 살게 하듯이 말도 사람의 모든 운명과 환경을 변화시키고 움직이게 하는 생명의 에너지를 갖고 있습니다.

말이 주는 생명 에너지는 태양 에너지와는 비교할 수 없을 만큼 어마어마한 힘과 능력을 가지고 있습니다. 또한 이 생명 에너지는 끝이 없을 만큼 무한하고 방대합니다. 말이 무엇이기에 이런 어마어마한 생명 에너지를 가지고 있는 것일까요?

말은 하나님 능력의 본질

하나님은 천지만물을 창조하실 때, 보이는 각종 재료로 만드신 것이 아니라 보이지 않는 말씀으로 만드셨습니다. 하나님이 "빛이 있으라"(창 1:3)라고 하시자 어둠과 혼돈의 세계에 빛이 나타났습니다. 하나님이 "빛이 있으라"는 진행형으로 말씀하셨기 때문에, 수천 년이 지난 오늘까지도 밤과 낮이 계속되고 있는 것입니다. 천지 창조는 하나님이 가지신 말의 능력으로 이루어졌습니다. 말은 하나님의 능력을 나타내는 능력의 본질입니다.

하나님의 생명이 존재하는 말

하나님은 자신이 친히 만든 우주 만물에게 말씀으로 생명을 불어넣으셨습니다. 우주 만물이 하나님의 말씀으로 생명을 얻어 생동(生動)하고 움직이기 시작한 것입니다. 바다와 땅과 하늘에 생명이 넘치게 되었습니다. 하나님의 말씀 한마디에 우주에 흩어져 있던 수많은 별들이 자기들의 집과 길을 찾아 움직이기 시작했고, 한 치의 오차도 없이 정확하게 태초부터 지금까지 우주에서 유영하고 있습니다. 하나님이 말씀으로 이 모든 것에 생명의 생기를 불어넣으셨기 때문입니다.

하나님은 태초에 말로 존재하시고, 말로 나타나시고, 말로 천지만물을 창조하시고, 말로 천지만물에 생명을 불어넣으셨습니다.

사람에게 주신 말의 권세

하나님은 이 말의 권세를 혼자만 가지고 계시지 않았습니다. 하나님은 자신의 형상과 모양을 따라 사람을 지으셨기에, 사람에게 이 말의 권세도 함께 주셨습니다. 우리가 하나님의 형상과 모양으로 지음 받았다는 것은 하나님이 우리처럼 눈 둘, 귀 둘, 입이 하나라는 말이 아닙니다. 하나님은 영이시라 형체가 없으십니다.

하나님의 형상과 모양대로 지음을 받았다는 것은, 하나님의 내적 속성을 따라 지으셨다는 말입니다. 하나님의 속성에는 말의 권세가 들어 있는데, 이 속성에 따라서 사람을 지으셨기에 말의 권세도 함께 주어진 것입니다. 예수님은 하나님이 우리에게 주신 이 '말'의 권세를 무화과나무를 통해 다시 확인해 주셨습니다.

예수님과 무화과나무

마가복음 11장 12절 이하에 보면 예수님이 아침에 예루살렘 성전으로 올라가시다가 길가에 있던 무화과나무에 다가가서 열매가 있나 살펴보셨습니다. 그러나 때가 아니라서 열매를 구할 수 없었습니다. 예수님은 열매가 없는 무화과나무에게 말씀하셨습니다.

"이제부터 영원토록 사람이 네게서 열매를 따 먹지 못하리라"(막 11:14)

그다음 날 아침 다시 그곳을 지나다가 제자들이 보니 그 무화과나무가 뿌리까지 말라 있었습니다. 베드로가 깜짝 놀라서 예수님께 "랍비여 보소서, 저주하신 무화과나무가 말랐나이다"(막 11:21)라고 말하자 예수님은 이렇게 말씀하셨습니다.

"하나님을 믿으라. 내가 진실로 너희에게 이르노니 누구든지 이 산더러 들리어 바다에 던져지라 하며 그 말하는 것이 이루어질 줄 믿고 마음에 의심하지 아니하면 그대로 되리라"(막 11:22-23)

여기서 누구의 말에 의해 산이 바다로 들어간다는 말입니까? 하나님의 말씀입니까? 예수님의 말씀입니까?

아닙니다. 여기서 '누구든지'란 하나님을 가리키는 말이 아닙니다. 예수님을 가리키는 것도 아닙니다. 누구든지, 즉 하나님을 믿는 사람이라면 어떤 사람이든지 말의 권세를 갖고 있다는 말입니다. 다시 말해서 누구든지 그렇게 말하고, 자신의 말이 그대로 이루어질 줄로 믿으면 산이 바다로 들어가는 기적이 일어난다는 말입니다.

예수님은 이 사건을 통해 우리에게 우리가 하는 말의 권세를 믿으라고 무화과나무를 실물 교재로 삼아 가르쳐 주신 것입니다. 누구든지 "산더러 들리어 바다에 던져지라" 말하고, 말한 대로 이루어질 것을 의심하지 않고 믿으면 실제로 산이 들리어 바다에 던져질 것입니다.

하나님이 어떤 분이십니까? 오직 하나님만을 믿으라고 하는 분이십니다. 십계명 중 첫 번째 계명이 "너는 나 외에는 다른 신들을 네게 두지 말라"이며, 두 번째 계명이 "너를 위하여 새긴 우상을 만들지 말고…… 나 네 하나님 여호와는 질투하는 하나님인즉……나를 사랑하고 내 계명을 지키는 자에게는 천 대까지 은혜를 베푸느니라"입니다 (출 20:3-6). 이 말씀을 되새겨 보십시오.

성경은 우리 인생이 하나님만 믿어야 한다고 구구절절 말씀하고 있습니다. 그리고 하나님을 믿지 않는 사람의 불행과 하나님을 믿는 사람의 행복을 기록하고 있습니다. 그런 하나님께서 하나님 외에 우리에게 꼭 믿어야 한다고 강조하는 것이 하나 있는데, 바로 말이 가지고 있는 권세입니다.

"그 말하는 것이 이루어질 줄 믿고 마음에 의심하지 아니하면 그대로 되리라."

즉, 우리가 말할 때 말의 권세를 믿고 말하면 그대로 될 것이라는 말씀입니다.

우리의 말 속에는 우리가 상상할 수 없을 정도로 큰 하나님이 주신 권세가 있습니다. 따라서 말의 권세를 믿고 말하는 자에게 놀라운 일들이 일어날 것입니다. 자신을 변화시키고, 자녀를 변화시키고, 가족을 변화시키고, 환경을 변화시키고, 운명을 변화시키는 놀라운 권세가 그 안에 들어 있기 때문입니다.

2
"말의 권세"

말은 육체에 영향을 미친다

다음은 미국 하버드대학 의대의 임상사례로 남아 있는 이야기로 말의 힘을 통해 희비가 엇갈린 실제 사례입니다.

말이 낳은 죽음

사람의 심장은 하나인데 두 개의 방과 두개의 실로 나뉘어져 있습니다. 심장왼쪽에는 좌심방과 좌심실, 오른쪽에는 우심방과 우심실이라 합니다. 여기서 피를 몸으로 뿜어내는 것이 좌심실입니다. 그래서 일반적으로 '심장에 이상증상이 생겼다'고 하면 대체로 좌심방과 심실 사이의 판막에 문제가 발생한 것입니다. 실제로 심장에 문제가 있어 병원을 찾는 사람들의 대부분이 좌심방에 문제가 있지 우심방에 문제가 생기는 경우는 흔치 않기 때문에 의과대학 학생들이 심장에 대한 공부를 할 때도 좌심방에 문제가 생긴 환자를 대상으로 하는 경우가 대부분이라고 합니다.

하버드대학 병원에 심장내과 전문의인 레빈이라는 의사가 있었습니다. 어느 날 레빈 박사의 진료실에 심장병을 앓는 한 여인이 들어왔습니다. 그런데 이 여인은 뜻밖에도 우심방에 문제를 가지고 있었습니다. 레빈 박사가 여인을 진찰하던 중 응급환자가 들어왔다는 급한 연락을 받았습니다. 레빈 박사는 학생들에게, "여기 TS 환자가 있으니 들어가 봐"라고 하고는 급히 응급실로 달려갔습니다. 학생들은 우르르 들어가서 여인의 가슴에 저마다 청진기를 대 보면서 신기한 표정으로 "TS래, TS"라고 수군거렸습니다. TS란, Tricuspid Stenosis(삼첨판협착)의 약자로 우심방 질환을 말하는 의학용어입니다.

응급실에서 돌아온 레빈 박사는 그 여인의 증세가 특별히 심각하지 않았으므로 다음 날 다시 오라며 돌려보냈습니다. 그런데 그날 저녁 응급실에 한 환자가 실려왔는데 바로 낮에 진료했던 그 여인이었습니다. 여인의 심장은 극도로 약해져 있었습니다. 레빈 박사는 급히 응급 처치를 한 뒤, 이튿날 여인에게 물었습니다.

"무슨 일이 있었습니까? 어제는 심장에 특별한 문제가 없었는데요."

그러나 여인은 입을 열지 않았습니다. 레빈 박사가 어쩌다 이 지경이 되었느냐고 계속 묻자 여인이 뜻밖의 대답을 했습니다.

"그건 선생님이 더 잘 아시지 않습니까?"

레빈 박사는 어리둥절했습니다. 그래서 그 사연을 알아보니 어제

진료시 학생들이 "TS래, TS"라고 수군거리는 말을 듣고서 여인은 'TS가 도대체 뭘까? 왜 저 학생들이 놀란 눈으로 수군거리는 것일까?'라고 생각했습니다. 의학용어를 모르는 여인은 TS가 무슨 약자인지 곰곰이 생각하다가, T(Terminate:끝, 종점) + S(Situation:상태)로 결론을 내렸습니다. TS라는 단어를 자신의 심장이 끝나가는 상태로 잘못 인식한 여인은 큰 충격을 받고 심장에 급속한 이상을 일으키게 되었던 것입니다.

레빈 박사가 아무리 TS가 우측 심방에 문제가 있는 의학용어라고 설명해 주어도 여인은 자신을 안심시키려고 하는 말로 생각하고 믿으려 하지 않았습니다. 결국 여인의 심장은 급속히 악화되어 그녀의 믿음대로 힘을 잃고 멈춰 버리고 말았습니다. 안타깝게도 말 한마디 때문에 여인은 귀한 목숨을 잃은 것입니다.

말이 가져온 새 생명

앞의 사례와는 반대로, 레빈 박사의 환자 중에 심장기능이 극도로 악화된 환자가 있었습니다. 그는 매순간 생사를 넘나들 정도로 중증의 노인 환자였습니다. 이 노인은 거의 회복할 수 없는 혼수상태에까지 이르렀습니다.

심장이 회복되지 못할 상황이 되면 심장 뛰는 소리가 달라진다고 합니다. 심장이 뛸 때 '쿵!'은 제1심음, '탁!'은 제2심음이라고 하는데, 정상일 때는 '쿵탁 쿵탁'하는 소리를 냅니다. 그런데 심장이 멈추려는 상태가 되면 전혀 다른 제3심음을 낸다고 합니다. 이 소리를 영어로는 '켈롭(callop)'이라고 합니다. 소리가 그렇게 들린다고 해서 붙여졌다고 합니다.

이 소리를 우리나라에서는 어떻게 표현하는지 궁금해 의사들에게 물었더니, '갸그렁 갸그렁' 하는 소리처럼 들린다고 했습니다. 똑같은 소리를 들어도 한국 사람이 듣는 것과 미국 사람이 듣는 것이 다른 법입니다. 한국 사람은 닭 우는 소리를 '꼬끼오'라고 하는데, 미국 사람은 '코카 두들 두(cooka doodle do)' 하는 것과 마찬가지입니다.

그러나 소리의 세기를 느끼는 것은 서양 사람이나 한국 사람이나 똑같은 것 같습니다. 심장 박동의 제3심음은 처음엔 아주 희미하게 들리다가 멈추기 직전이 되면 아주 크게 들린다고 합니다. 그러니까 제3심음이 크게 들리면 그 사람이 죽음 직전에 와 있다는 신호입니다.

아침에 레빈 박사가 회진을 하면서 그 노인의 심장에 청진기를 대 보니 제3심음이 뚜렷하게 들렸습니다. 제3심음은 TS 환자처럼 쉽게 만나 볼 수 없는 소리였기 때문에 레빈 박사는 황급하게 학생들을 불러 노인의 심장소리를 듣게 했습니다. 죽어 가는 노인에게는 슬픈 일이었지만 심장 박동의 제3심음을 들어 볼 기회가 좀처럼 없는 학생들에게는 절호의 기회였습니다. 그 노인의 심장에 청진기를 대 본 학생들이 기쁨의 탄성(?)을 질러댔습니다.

"잘 들립니다. 아주 뚜렷하게 잘 들려요!"

레빈 박사는 노인의 가족에게 장례 준비를 하라고 말해 주었고, 가족은 장례 준비를 하면서 노인이 돌아가시길 기다렸습니다. 그런데 이상하게도 노인은 계속 호흡을 지속하고 있었습니다. 제3심음의 상태로 봐서는 벌써 하늘나라에 가야 할 노인이 계속 살아 있자 노인의 죽음을 기다리던 가족들은 너무나 지쳐서 오히려 기진맥진할 지경이었습니다.

오후가 되자 생과 사를 오가던 노인의 상태가 점점 좋아지더니 얼굴이 환해지기 시작했습니다. 심장 상태가 급속히 호전되기 시작했고, 제3심음도 사라져 버렸습니다. 그리고 일주일 만에 심장이 정상으로 돌아와 퇴원을 하게 되었습니다.

퇴원하는 날 아침에 회진을 하면서 레빈 박사가 노인에게 말을 건넸습니다.

"할아버지, 이렇게 갑자기 심장이 좋아지리라고는 저 자신도 생각하지 못했습니다."

"레빈 박사님, 지난번 아침 회진 때 당신과 당신 학생들이 내 심장 소리가 잘 들린다고 기뻐하지 않았소."

"네?!"

노인은 정신이 가물가물한 상태에서 레빈 박사와 학생들이 "잘 들립니다. 잘 들려요!"라고 떠들어대는 말을 자신의 심장 상태가 좋아졌다는 뜻으로 들었던 것입니다. 그때부터 노인의 심장이 에너지를 얻어 힘 있게 움직이기 시작했음은 물론입니다.

말로 치료하신 예수님

성경은 "죽고 사는 것이 혀의 힘에 달렸나니"(잠 18:21)라고 말씀하고 있습니다. 말은 우리 신체의 신경과 조직, 세포를 죽이기도 하고 살리기도 하는 권세를 가지고 있습니다. 때문에 예수님은 각양각색의 병자들을 고치실 때마다 말을 치료 도구로 사용하셨습니다.

예수님은 베데스다 못가에 있던 38년 된 병자에게도 이렇게 말씀하셨습니다(요 5:2-9).

"네가 낫고자 하느냐."

"낫기를 원하나이다."

"일어나 네 자리를 들고 걸어가라."

예수님의 말씀에 그 병자는 일어나서 자리를 들고 걸어갔습니다. 예수님의 말씀의 능력이 병자를 일으켜 세운 것입니다.

로마 군인인 백부장은 이 말씀의 비밀을 잘 알고 있었습니다. 그는 자신이 데리고 있는 하인의 병 때문에 예수님을 찾아와 간청했습니다. 예수님이 "내가 가서 고쳐 주리라"(마 8:7)라고 말씀하시자 백부장이 "주여, 내 집에 들어오심을 나는 감당하지 못하겠사오니 다만 말씀으로만 하옵소서. 그러면 내 하인이 낫겠사옵나이다. 나도 남의 수하에 있는 사람이요 내 아래에도 군사가 있으니 이더러 가라 하면 가고 저더러 오라 하면 오고 내 종더러 이것을 하라 하면 하나이다"(마 8:8-9)라고 말했습니다. 백부장의 말에 주님은 감탄하셨습니다.

"내가 진실로 너희에게 이르노니 이스라엘 중 아무에게서도 이만한 믿음을 보지 못하였노라"(마 8:10)

주님을 감탄시킨 백부장의 이 믿음은 말의 권세를 믿는 믿음이었습니다. 온 우주 만물이 주님의 말씀에 지배를 받을 뿐만 아니라, 자신의 하인도 주님의 말씀 한마디로 치유받을 수 있다는 믿음인 것입니다.

예수님은 약으로 처방을 내리지 않고 말씀으로 치료하셨습니다. 무슨 질병이든 주로, "네 믿음대로 될지어다"라는 말을 사용하여 고쳐 주셨습니다.

'네 믿음'이라는 것은 예수님을 찾아와 낫기를 구하는 사람들의 '말'을 가리키는 것입니다. 수로보니게 여인이 "개들도 제 주인의 상에서 떨어지는 부스러기를 먹나이다"(마 15:27)라고 하자 예수님은 "여자여 네 믿음이 크도다. 네 소원대로 되리라"(마 15:28)라고 말씀하시며 고쳐 주셨습니다.

예수님은 그들의 말을 들으시고, "네 소원대로 되리라. 네 믿음대로 되리라"고 하셨습니다. 다시 말해서 "네 말대로 되리라"고 하신 것입니다.

우리는 "죽겠다"고 말할 때 어깨가 축 늘어지는 것을 느낍니다. "죽겠다"고 하는 순간부터 우리 몸의 모든 조직과 세포와 신경이 죽을 준비를 하기 때문입니다. 그러나 "살 수 있다. 나는 산다"고 말하기 시작하면 몸의 모든 조직과 세포와 신경이 살 준비를 하기 시작합니다. 그래서 의사들은 '살 수 있다'는 환자들의 의지를 치료의 중요 요인으로 생각합니다.

그렇습니다. "살겠다"고 말하면 모든 것이 살아나기 시작하고, "죽 겠다"고 말하면 모든 것이 죽어 가기 시작합니다. 말은 몸의 모든 신경과 세포와 조직을 지배합니다.

말은 마음과 생각을 변화시킨다

신묘막측한 신경조직

우리 몸의 신경조직 중에서 가장 중요한 것은 뇌신경입니다. 인간의 모든 행동이 뇌신경의 지시에 의해 이루어지기 때문입니다. 내가 손을 들고 있다면 임의로 들린 것이 아니라 뇌신경의 명령에 의해 든 것이고, 말하는 것이나 움직이는 모든 것이 뇌신경에 의해 이루어집니다.

우리의 거의 모든 행동이 뇌신경의 지배를 받습니다. 그러나 특별한 경우 뇌신경의 지배를 받지 않고 반사적으로 움직이는 신경도 있습니다. 이것을 반사신경(反射神經)이라고 합니다. 예를 들어, 뜨거운 것을 만졌을 때 순간적으로 손을 떼는 것과 같은 행동은 반사신경의 작용입니다. 만약 이때 손이 평소처럼 뇌신경의 지시를 받고 움직이려 했다가는 문제가 심각해질 것입니다.

그런가 하면 뇌신경의 영향을 전혀 받지 않고 자동적으로 움직이는 부분들도 있습니다. 심장, 간장, 위장, 대장, 폐 등과 같은 내부 기관이 그렇습니다. 이 기관들은 자율신경(自律神經)에 의해 움직입니다. 만약 뇌신경에 의해 내부 기관이 움직인다고 가정한다면 너무 신경을 많이 써서 우리의 머리카락은 한 올도 남아나지 않을 것입니다. 뿐만 아니라 심장을 움직이기 위해 잠도 잘 수 없었을 것입니다. 깜빡 졸기라도 했다가는 죽기 십상이니까요.

그러나 하나님께서 우리 신체의 중요한 조직을 모두 자동시스템으로 만들어 주셨기 때문에 우리는 신경 쓰지 않고 생활하고 기도하며, 건강하게 잠을 자고 일어날 수 있으니 얼마나 큰 은혜입니까? 이런 것을 생각해 볼 때, 우리 하나님이 얼마나 섬세하고 세밀한 분이신가를 알 수 있습니다. 하나님의 솜씨는 참으로 놀랍고 신묘막측(神妙莫測)하십니다. 놀라우신 하나님을 찬양합니다.

생각 · 마음 · 말의 삼각관계

강의를 하면서 이런 질문을 할 때가 있습니다.

"사람에게는 생각이라고 하는 것이 있습니다. 그런데 생각은 어디에 있습니까?"

"머리요."

"그렇습니다. 생각은 머리로 합니다. 그렇다면 생각이 하는 일은 뭘까요?"

"생각이 하는 일은 생각이죠."

"그렇습니다. 생각은 분별하고 판단하고 결정하는 도구입니다. 그러면 마음은 어디에 있을까요?"

마음이 아프다고 말하면서 머리를 잡고 말하는 사람은 없습니다. 무의식중에 마음이 가슴에 있다고 믿는 까닭입니다. 그러나 가슴 어디에 마음이 있는지 아는 사람은 없습니다.

마음은 영에 속한 것이기 때문에 실체가 보이지 않습니다. 그러나 분명한 것은 마음이 실재한다는 것입니다. 이 마음은 주로 느끼는 일을 합니다. 슬프다, 괴롭다, 기쁘다, 즐겁다, 답답하다, 상쾌하다, 좋다, 싫다, 그립다 등등 감정의 부분들을 담당합니다.

생각과 마음은 서로 유기적 관계에 있습니다. 예를 들어, 과거에 내게 아픔을 주었던 사람이 생각나면 자연스럽게 마음에 미움이 밀려오고, 반대로 기쁨을 주었던 사람이 생각나면 마음도 따라서 흐뭇하고 즐거워집니다.

그런가 하면 마음도 마찬가지입니다. 누구를 좋아하는 마음이 생기면 그 사람이 자꾸 생각나는 것입니다. 또 누구를 미워하는 마음이 생겼을 때도 마찬가지입니다. 상대를 사랑해 보려고 생각하지만 잘되지 않습니다. '성경에 원수를 사랑하라고 했으니까 미워하지 말아야지' 하고 아무리 생각하고 애를 써도 잠시 잠깐 미움이 사라지는가 싶다가 순식간에 미운 마음에 지배당해 버립니다. 그래서 우리는 끊임없이 마음 싸움에 시달립니다. 나 스스로 나를 어찌할 수 없는 것이 우리 모두의 모습이며, 우리의 약함입니다.

사도 바울도 죄와 싸워서 번번이 실패하고 마는 자신의 모습을 바라보며 깊이 탄식했습니다.

> "내 속사람으로는 하나님의 법을 즐거워하되 내 지체 속에서 한 다른 법이 내 마음의 법과 싸워 내 지체 속에 있는 죄의 법으로 나를 사로잡는 것을 보는도다. 오호라 나는 곤고한 사람이로다. 이 사망의 몸에서 누가 나를 건져내랴"(롬 7:22-24)

이 같은 마음과 생각의 관계를 정리하면, 첫째 마음과 생각은 유기적 관계가 있고 서로 영향을 주며, 둘째 마음과 생각을 우리 스스로 완전히 장악하고 지배하고 조절할 수 없다는 것입니다. 우리 스스로 마음대로 할 수 없는 것이 자기 마음이요 자기 생각입니다.

그러나 하나님은 이런 우리에게 마음과 생각을 다스리고 지배할 수 있는 은총을 주셨는데, 그것이 바로 말입니다. 때문에 마음과 생각이 말을 들을 때 영향을 받기 시작하는 것입니다. 곧 말의 지배를 받게 되는 것입니다.

호주 Happy Family Center에서 사역하면서 가정에 관한 프로그램을 진행하고 있을 때 있었던 일입니다. 한번은 자녀교육 세미나를 하는데 예상보다 인원이 초과하여 강의안이 모자라게 되었습니다. 다른 스태프들은 각자 자기가 맡은 일을 준비하느라 모두 바빠서 모자라는 강의안을 준비할 시간이 없었습니다. 마침 토요일이라서 초등학교에 다니는 아들이 왔기에 가까운 도서관에 가서 강의안을 좀 더 복사해 오도록 심부름을 시켰습니다.

그런데 아이가 복사를 하러 간 사이에 참석자들이 늘어나 강의안이 더 필요하게 되었습니다. 그래서 아들에게 다시 심부름을 시켜야 했습니다.

"민아! 미안하지만 한 번 더 갔다 와야 되겠구나. 조금 더 복사해야 하거든……."

그러자 아들의 얼굴이 싫은 표정으로 변했습니다.

"또 갔다 와요?"

아들은 몸을 흔들며 싫다는 몸짓을 했습니다. 싫다고 말하는 아들을 달래서 다시 복사 심부름을 보냈습니다. 그런데 한참만에 돌아온 아들은 웬일인지 싱글벙글하고 있었습니다. 의아해서 묻는 내게 아들은 뜻밖의 대답을 해 주었습니다.

"복사하러 가는데 눈물이 막 나오려고 했어요. 그런데 지난 주일에 아빠가 설교하신 내용이 생각나는 게 아니겠어요?"

아들이 말하는 지난주 설교 내용은 이런 것이었습니다.

"감사할 일이 생겼을 때 하는 감사는 누구든지 할 수 있지만 감사할 수 없을 때 하는 감사는 참으로 귀한 감사이다. 그리고 감사할 수 없을 때라도 입으로 감사를 말하면 감사의 마음으로 변하게 된다."

아들은 심부름하는 것이 힘들어 눈물이 나오려고 할 때 그 말씀이 생각나서 "하나님 감사합니다! 하나님 감사합니다!"라고 자꾸 되뇌었다고 합니다. 그러니까 복사하는 것도 하나님의 일이라는 깨달음이 생기고, 마음속에서 점점 기쁨이 차올라 정말로 감사할 수 있게 되었다는 것이었습니다.

아이들은 마음이 순수하고 깨끗하기 때문에 쉽고 빠르게 말의 영향을 받습니다. 이기심과 이해타산(利害打算)으로 오염된 어른들은 아이들처럼 쉽게 영향을 받지 않지만, 그래도 말에는 인간의 마음과 생각을 변화시키는 놀라운 능력이 있습니다.

믿음의 집을 세우는 말

원래 타락한 인간의 마음과 생각은 하나님을 거부하고 반역하고 의심하는 속성을 지니고 있습니다. 그렇기 때문에 믿음이 우리 마음속에 자리 잡기가 어려운 것입니다. 그러나 로마서 10장 17절은 "믿음은 들음에서 나며 들음은 그리스도의 말씀으로 말미암았느니라"고 말하고 있습니다. 하나님의 말씀을 듣고 또 들을 때 믿음이 생긴다는 것입니다. 하나님의 말씀을 들으면 들을수록 믿음의 생각으로 변해서 하나님을 믿게 됩니다. 그래서 눈으로 본 적도 없고 손으로 만질 수도 없는 하나님을 믿는 것입니다.

어떻게 생각하면 하나님을 믿는다는 것이 이상하기도 합니다. 보지도 못한 하나님과 보지도 못한 세계를 말만 듣고서 마음과 생각 속에 믿음의 집을 짓고 변화된 삶을 살게 되는 것이 신기할 뿐입니다. 그러나 말씀이 곧 하나님이고, 하나님이 곧 말씀이시기 때문에 말씀을 듣기만 하여도 믿음이 생기는 것은 당연한 이치입니다.

말은 마음과 생각을 지배합니다. 나는 거의 매일 아침 성경을 보고, 말씀을 수첩이나 책상 앞에 붙여놓고 묵상하고 말하고 암송합니다. 내 마음과 생각에 들려주는 것입니다.

예를 들어, 창세기 15장 1절의 "아브람아 두려워하지 말라. 나는 네 방패요 너의 지극히 큰 상급이니라"라는 말씀을 내 안의 생각과 마음에 계속 들려주었습니다.

"아들아, 나는 네 방패요 너의 큰 상급이니라!"

서서히 내 안에서 말할 수 없는 힘과 용기와 믿음이 충만해졌습니다. 이처럼 사람의 마음과 생각은 말에 의해서 지배를 받고 변화되고 움직이는 것입니다.

말은 행동을 지배한다

성경은 "네 입의 말로 네가 얽혔으며 네 입의 말로 인하여 잡히게 되었느니라"(잠 6:2)라고 말씀하고 있습니다. 우리의 말이 우리의 행동에 영향을 미친다는 뜻입니다. 자신의 말이 자신을 묶기도 하고 잡히게도 하며, 반대로 행동하게도 만듭니다.

TV 오락 프로그램을 보면 출연자가 높은 곳에서 뛰어내리는 번지 점프를 하는 모습이 가끔 방영됩니다. 이런 점프는 원래 군대에서 하는 특수훈련 중 하나입니다. 때문에 군대의 점프대는 사람이 가장 공포를 느끼는 11m 상공에 만들어진다고 하는데, 그곳에서 뛰어내리는 훈련을 함으로써 담력과 점프 기술을 함께 키우는 것입니다.

11m는 인간이 심리적으로 가장 공포를 크게 느끼는 높이여서 그곳에서 밑을 쳐다보면 안전장치가 다 되어 있음에도 뛰어내리기가 보통 어려운 일이 아닙니다. 그래서 한번 두려움이 생기면 절대로 뛰어내리지 못하는 경우가 많다고 합니다.

어느 날 한 여자 탤런트가 점프대에 올라가는 모습이 방영되었습니다. 그녀는 두려움으로 덜덜 떨고 있었습니다. TV화면에 온몸을 덜덜 떠는 모습이 확연히 보일 정도였습니다. 그때 옆에서 점프를 도와주는 사람이 말을 건넸습니다.

"뛸 수 있습니까?"

"네, 뛸 수 있습니다!"

"자신 있습니까?"

"네, 자신 있습니다!"

큰 소리로 대답하는 여자의 음성은 역시 떨리고 있었습니다. 그러나 그녀는 "할 수 있다"고 말하고는 점프대 앞에 섰습니다. 준비가 끝나자 진행자가 "뛰어!"라고 구령을 했고 그녀는 떨리는 몸을 밖으로 내던지듯 뛰어내렸습니다. 그리고 보기 좋게 성공했습니다.

그 점프대 위에 여러 사람이 올라갔지만 뛰어내린 사람은 많지 않았습니다. 출연자들을 유심히 살펴보니 벌벌 떨면서도, "뛰어내릴 수 있습니다!"라고 말한 사람은 결국 뛰어내렸고, 그런 말을 못한 사람은 뛰어내리지 못했습니다.

말은 이처럼 우리의 행동을 지배합니다. "할 수 없다"고 말하면 할 수 없는 행동이 나오고, "할 수 있다"고 말하면 할 수 있는 행동이 나오는 것입니다. 그래서 주님이 이렇게 말씀하셨습니다.

> "할 수 있거든이 무슨 말이냐 믿는 자에게는 능히 하지 못할 일이 없느니라"(막 9:23)

몸과 마음이 움츠러드는 상황에서도 "할 수 있다!"고 말하고 또 말하십시오.

바울처럼 "내게 능력 주시는 자 안에서 내가 모든 것을 할 수 있느니라"(빌 4:13)라고 말하십시오. 그러면 무슨 일이든 분명히 할 수 있는 힘이 주어질 것입니다.

말은 환경과 운명을 변화시킨다

마가복음 11장 23절에서 주님은 "누구든지 이 산더러 들리어 바다에 던져지라 하며 그 말하는 것이 이루어질 줄 믿고 마음에 의심하지 아니하면 그대로 되리라"고 말씀하셨습니다. 이 말씀은 공상이 아니라 실제입니다. 하나님의 말씀은 일점일획(一點一劃)도 변함이 없는 진리입니다.

미국 뉴욕에는 1969년에 한진관 목사·김태열 사모 부부가 개척하여 미국 최대의 한인교회를 이룬 '뉴욕 퀸즈한인교회'가 있습니다.

김태열 사모님은 이 교회의 기초를 놓은 분으로, 어릴 때 천연두를 앓아 얼굴에 마마자국이 있는 분입니다. 대부분의 여자들은 얼굴에 심각한 문제가 있을 때 비관적이 되고, 내성적, 소극적, 절망적, 패배적이 되어 열등감에 사로잡히게 됩니다. 그런데 그분의 삶은 전혀 그렇지 않았습니다.

그녀는 일제 강점기에 태어나 6·25를 거치면서 아주 가난하게 성장했다고 합니다. 14살 때부터 미군 부대에서 나오는 초콜릿이나 껌 등을 사다가 되팔아 생계를 책임졌고, 비록 판잣집이었지만 작은 집까지 장만할 정도로 강인한 억순이였습니다. 그녀는 억척스런 성격대로 공부도 열심히 해서 당시로서는 웬만한 여성들은 생각지도 못했던 이화여대에 입학했습니다. 그리고 여기서 끝나지 않고 학창시절 내내 미국 유학의 꿈을 키워갔습니다.

그녀는 매일 저녁 미국 선교사들의 숙소가 있는 학교 뒷동산에 올라가 숙소 쪽을 향하여 노래를 불렀습니다. 선교사들이 그 노랫소리를 듣고, '저 학생이 노래를 잘하니까 유학을 보내야겠다'라고 생각해 주기를 바라서였다고 합니다.

그러나 4년 동안 열심히 노래를 불렀지만 그녀를 찾아오는 선교사는 없었습니다. 그야말로 무모해 보이는 짓(?)을 1, 2년 하다가 그만둔 것도 아니고 무려 4년 동안 매일 했다니 놀라운 일이 아닐 수 없습니다. 비록 그런 노력은 허사로 돌아갔지만 끈질긴 노력과 적극성으로 인해 결국 대학원을 마치던 해에 기적처럼 미국 유학의 길이 열렸습니다.

미국 미네소타 주립대학으로 유학을 가게 된 그녀는 미국 자선단체에서 주는 특별장학금을 받아 3년간 등록금과 생활비 일체를 해결할 수 있었습니다. 정말 기적 같은 일이었습니다.

꿈같은 유학 생활 중 어느 해 크리스마스 때, 하나님의 섭리가 나타나기 시작했습니다. 뉴욕에 갔다가 우연히 한진관이라는 한국 유학생을 만나 편지 교제가 시작되었습니다. 그러나 잠깐뿐이었고, 곧 편지 왕래가 끊어졌습니다.

그러나 그녀는 신실해 보이던 그 유학생을 포기할 수 없었습니다. 그래서 학위를 취득하자마자 곧 뉴욕으로 달려가 그 청년이 다니는 교회에 등록을 하고 가까운 곳에 거처를 마련해 본격적인 구혼작전에 들어갔습니다. 그러나 그 청년은 교회에서 마주쳐도 쌀쌀맞게 외면할 뿐만 아니라, 어느 날은 "미스 김은 참 거머리 같군요"라는 말까지 했습니다.

그러나 그 말을 들은 그녀는 오히려 희망이 솟아올랐다고 합니다.
'내가 떨어져 나갈 여자가 아니란 걸 아니 다행이다.'
참으로 놀라운 적극성과 긍정적인 생각이 아닐 수 없습니다.

작은 한인교회인지라 소문이 다 났을 텐데도 개의치 않고 그녀는 3년이 넘도록 구혼작전을 계속 전개했습니다. 3년이 지나자, 한진관 청년이 사진을 함께 찍자고 제의해 왔습니다. 그것이 약혼사진이 되었고, 드디어 두 사람은 하나가 되었습니다. 그녀의 그칠 줄 모르는 적극성과 긍정적이며 소망적인 사고가 두 사람의 결혼을 이루어낸 것입니다. 그리고 오늘날 뉴욕 최대의 한인교회를 세우는 원동력이 되었습니다.

1996년 시드니에 온 한진관 목사님이 설교 중에 사모님의 이야기를 했습니다. 결혼해서 3년간은 자기가 호랑이 같고 사모님은 호랑이 앞의 쥐로 지냈는데, 3년이 지나자 반대로 자신이 쥐가 되고 아내가 호랑이가 되어 아내 말에 꼼짝도 못하게 되었노라며 행복해하던 기억이 납니다.

보통 사람 같았으면 너무나 가난하고 또 콤플렉스가 있었기 때문에 대학이나 유학 갈 생각은 꿈도 꾸지 못했을 텐데, 그녀는 역경을 기회로 삼아 기적을 일구어낸 것입니다.

여러 핸디캡을 가진 한 평범한 소녀가 뉴욕 최대의 한인교회 사모가 될 수 있었던 힘은 어디에서 나왔을까요?

그녀는 태어나자마자 가난 때문에 부모님의 등에 업혀 만주로 가게 되었습니다. 그리고 2살 때 한집에 사는 두 아이와 함께 천연두를 앓게 되었습니다. 그녀가 새까맣게 죽어 가고 있을 때, 그녀의 어머니가 지푸라기라도 잡아 보자는 심정으로 교회 전도사님을 찾아갔다고 합니다.

"전도사님! 우리 딸이 천연두를 앓다가 이제 죽게 됐어요. 와서 기도 한 번만 해 주세요."

울부짖는 어머니의 부탁을 받고 전도사님이 급히 와서 간절히 기도해 주었습니다. 그 기도에 하나님께서 응답하셔서 한집에 사는 두 아이는 죽었지만 그녀는 회복되었습니다. 그러나 열이 올랐다가 내린 자리마다 헐었고, 그후 딱지가 앉자 천연두에 무지했던 어머니는 그 딱지가 보기 싫다고 모조리 뜯어내 버렸습니다. 그래서 그녀의 얼굴에는 마마자국이 남고 말았습니다. 그렇지만 그때부터 그녀의 어머니는 그녀에게 새로운 생명을 불어넣기 시작했습니다.

"태열아! 너는 다른 애들 두 명과 같이 천연두를 앓았단다. 그런데 그 두 아이는 죽고 너는 전도사님의 기도를 받고 살았어. 하나님이 너를 살려 주셨으니 공부 많이 해서 훌륭한 사람이 되어야 한다."

그녀의 어머니는 끊임없이 이 말을 들려주었고, 이웃사람이 찾아오면 묻지도 않았는데 "우리 태열이는 다른 두 아이와 같이 천연두에 걸렸는데 두 아이는 죽고 우리 태열이만 하나님이 고쳐 주셔서 살아났어요"라고 말하곤 했습니다. 그리고 그녀의 어머니는 딸을 볼 때마다 또 이렇게 말했습니다.

"태열아! 네 얼굴의 마마자국은 하나님이 너를 살려 주셨다는 축복의 자국이다. 공부 열심히 해서 하나님께 영광을 돌리는 훌륭한 사람이 되어야 한다. 알았지?"

어렸을 때부터 그녀는 이 말을 늘 들으면서 자랐습니다. 어머니의 말이 그녀의 마음속 깊이 자리잡았습니다. 그래서 그녀는 마마자국으로 패인 얼굴을 축복의 표시로 생각하게 되었고, 하나님이 살려 주셨으니 공부 열심히 해서 훌륭한 사람이 되어야겠다고 생각하게 되었습니다. 그녀는 자녀들에게도 자신의 마마자국을 하나님의 축복이라고 끊임없이 말해 주었습니다.

그들 부부가 큰아이를 낳고 5년째 되던 해, 결혼 후 처음으로 한국을 방문하여 고향에 머물 때의 일이었다고 합니다. 아이들이 밖에서 놀다 들어와 말했습니다.

"엄마, 한국에는 하나님의 축복을 받은 사람이 많은가 봐."

"그걸 어떻게 알았니?"

"엄마와 같은 얼굴을 가진 사람들이 많아."

한진관 목사님의 자녀들은 지금도 "엄마의 얼굴이 제일 예쁘다"고 한답니다.

2. 말의 권세

김태열 사모님은 어려서부터 어머니의 말을 들으며 얼굴에 대한 열등감보다는 하나님이 자신을 살려 주셨다는 사실에 더 감사하고 마마 자국을 하나님의 축복으로 여기는 긍정적, 적극적인 삶을 산 것이 오늘을 이룰 수 있었던 것입니다. 결국 그녀의 오늘이 있게 한 것은 결코 우연이 아니라 그녀의 어머니의 말이었습니다.

"너와 똑같이 천연두를 앓은 두 아이는 죽었지만 너는 하나님이 살려 주셨다."

"이 자국은 하나님이 축복하신 자국이다. 하나님께 영광 돌리는 삶을 살아라."

이 말이 비관과 절망감과 열등감을 떨쳐버리게 하고, 오히려 그녀를 더 적극적이고 긍정적이며 소망적이고 창조적인 사람으로 만들어 환경과 운명을 변화시킨 것입니다. 그리고 그녀와 만나는 수많은 사람들에게 끊임없이 생명의 에너지를 불어넣고 변화와 행복을 만드는 사람으로 만든 것입니다.

작아 보이는 말 한마디 속에 인간의 운명과 환경을 변화시키는 놀라운 생명력이 들어있는 것입니다.

말은 자아상을 변화시킨다

사람은 누구나 자아상(Self Image)을 가지고 있습니다. 자아상이란, '내가 나를 어떻게 보는가?'를 말합니다. 그런데 우리는 대부분 자신의 자아상에 대해서 깊은 의식을 가지고 있지 않습니다. 그러나 분명히 누구나 무의식 가운데 어떤 모양이든 자신의 자아상을 가지고 있습니다.

'내가 나를 어떻게 보는가?' 하는 것은 인생을 살아가는데 있어서 대단히 중요합니다. 긍정적인 자아상을 가진 사람은 매사를 긍정적으로 보고 감사하며 자신감 있게 살아갑니다. 이런 사람은 다른 사람에 대해서도 관대하고 이해심이 많고 따뜻하기 때문에 성공적인 인생, 행복한 인생을 살게 되며, 다른 사람에게 좋은 영향을 주는 빛과 소금이 됩니다.

반면에 부정적인 자아상을 가진 사람은 매사에 원망과 불평을 늘어놓으며, 자신감이 없고 소극적, 내성적, 비관적, 절망적, 패배적인 생각을 갖게 됩니다. 또 다른 사람을 대할 때에도 부정적, 비판적, 공격적이기 쉬워서 실패하는 인생, 불행한 인생을 살게 됩니다. 그러므로 긍정적 자아상을 갖는 것이 변화와 성공과 행복의 아주 중요한 열쇠가 됩니다.

자아상은 말로 만들어진다

그렇다면 자아상은 어떻게 만들어지는 것일까요? 자아상을 형성하는 데 가장 크게 영향을 받는 것은 '어떤 말을 듣고 살아왔느냐'입니다. 특별히 성장기에 어떤 말을 듣고 자랐느냐가 중요한 역할을 합니다.

어느 날 아들 민이가 IQ검사를 했는데 120밖에 안 나왔다며 시무룩해했습니다. 그래서 아이의 어깨를 두드려 주면서 이렇게 말했습니다.

"120이면 천재야. 노력만 하면 넌 최고가 될 수 있어."

그랬더니 아들이 빙그레 웃으며 흐뭇해했습니다. IQ 120이면 보통에서 조금 높은 수치인데, 아이에게 천재라고 말해 준 것은 긍정적인 자아상을 불어넣기 위해서였습니다.

한국으로 돌아와 아이가 중학교에 입학했습니다. 그런데 그때 너무 어려워 새 교복 하나 사 줄 형편이 못되었습니다. 그때 아내가 졸업생들이 벗어 놓고 간 낡은 헌 옷을 얻어와 입히면서 이렇게 말했습니다.

"민아, 이 옷은 하나님이 주신 옷이야. 떨어진 옷이지만 하나님이 주신 옷을 입으면 하나님이 함께하신단다."

이후에 자꾸 무릎에 구멍이 나서 기워 줄 때에는 이렇게 말했습니다.

"아빠 엄마가 하나님의 일을 하다 보니 새 교복을 사 줄 수가 없어. 그렇지만 하나님 때문에 헌 옷을 입는 것은 자랑스러운 것이고 영광스러운 거야. 하나님이 너를 주목하실 거야. 자부심을 가지렴."

학교 대표로 대전시에서 주는 모범상을 받으러 가는 날 또 바지 무릎에 구멍이 났습니다.

아내가 "구멍이 별처럼 생겼구나. 영광의 별이다"라고 하니 아이가 바지의 구멍을 보며 흐뭇하게 웃었습니다.

대부분의 아이들은 헌 교복을 입으면 위축되고 스스로 왕따가 됩니다. 부끄럽게 생각하여 열등감에 빠지고 불만이 가득해집니다.

그러나 이런 말을 듣고 자란 아들은 3년간 헌 옷을 기워서 입고 다녔지만 위축되기는커녕 오히려 하나님께 감사하고 전교 회장이 되고 학교 대표로 모범상을 받으며 선생님과 학생들의 선망의 대상이 되었습니다. 그 말이 아이에게 긍정적 자아상을 만든 것입니다.

성경적 자아상

성경에 보면, 하나님께서 구원받은 하나님의 사람들에게 가장 먼저 그리고 가장 중요하게 생각하시는 일이 있다는 것을 알 수 있습니다. 그것은 새로운 자아상을 심어 주는 일입니다. 사탄이 망가뜨려 버린 자아상을 새롭게 하시는 것입니다.

고린도후서 5장 17절은 "누구든지 그리스도 안에 있으면 새로운 피조물이라. 이전 것은 지나갔으니 보라 새것이 되었도다"라고 말씀하고 있습니다. 예수 그리스도를 믿으면 새로운 피조물로 새롭게 창조된다는 것입니다.

또한 "영접하는 자 곧 그 이름을 믿는 자들에게는 하나님의 자녀가 되는 권세를 주셨으니"(요 1:12)라고 말씀하고 있는데, 믿는 자에게는 하나님의 자녀가 되는 권세가 주어져 있다는 것입니다.

"너는 두려워하지 말라. 내가 너를 구속하였고 내가 너를 지명하여 불렀나니 너는 내 것이라"(사 43:1)

우리는 하나님이 특별히 지명하여 부른 사람들입니다. 뿐만 아니라 "우리는 그가 만드신 바라. 그리스도 예수 안에서 선한 일을 위하여 지으심을 받은 자니"(엡 2:10)라고 하셨습니다.

우리 인생은 우연히 태어난 것이 아니라 선한 일을 위해 하나님으로부터 지음 받은 존귀한 존재라는 것입니다. 우리의 가치가 높은 것은 바로 하나님의 형상을 닮은 하나님의 작품이요, 하나님의 선한 목적을 위해 지어진 존재이기 때문입니다.

이런 성경적인 자아상은 전혀 새로운 것이 아닙니다. 하나님이 창조하신 인간 본래의 자아상이요 실상입니다. 그런데 사탄이 세상에 들어오고부터 사람들은 "넌 왜 이 모양이야?" "넌 제대로 하는 게 하나도 없어"라고 말하게 되었습니다. 이런 부정적인 말을 들은 사람들은 거짓된 자아상을 갖게 됩니다. 그러므로 부정적인 자아상은 실상이 아니라 거짓된 것입니다.

대부분의 사람들이 이 거짓된 자아상에 속은 채로 살아가고 있습니다. 그래서 '나는 못 해' '나는 안 돼'라고 생각하며 자신의 능력을 제한합니다. 이런 거짓된 자아상에 속아 살면 안 됩니다.

"하나님이 지으신 그 모든 것을 보시니 보시기에 심히 좋았더라"(창 1:31)

하나님이 보시기에 심히 좋았던 사람, 이것이 우리의 본모습입니다. 그러나 오늘 우리는 끊임없이 들려오는 부정적인 말 속에서 우리의 참모습을 잃어버리고 못난이 자아상, 거짓된 자아상을 갖게 되었습니다. 그렇기 때문에 우리를 부르신 하나님은 가장 먼저 이 거짓된 자아상을 깨뜨리고 본래의 자아상을 회복시키고자 하십니다.

우리의 부정적 자아상을 긍정적 자아상으로 변화시키는 일을 바로 말씀을 통해, 즉 말을 통해 하시는 것입니다. 말이 우리의 자아상을 회복하고 변화시키는 놀라운 에너지를 가지고 있기 때문입니다.

말은 하나님을 움직인다

우리의 말이 하나님을 움직인다니 조금 이상하게 들릴 수 있습니다. 그러나 민수기 14장 28절은 "여호와의 말씀에 내 삶을 두고 맹세하노라. 너희 말이 내 귀에 들린 대로 내가 너희에게 행하리니"라고 말씀하고 있습니다.

하나님이 자신의 모든 것을 걸고 맹세까지 하면서 하신 말씀이 하나님의 귀에 들린 대로 행하시겠다는 것입니다. 다시 말하면, 하나님께서 우리가 하는 말에 따라 행동하시겠다는 것입니다. 얼마나 놀라운 일입니까? 이처럼 우리의 말은 놀라운 권세를 가지고 있습니다. 그러므로 인생이 곤고하고 피곤해질 때는 짜증을 낼 것이 아니라 자신의 말을 살펴보는 것도 필요합니다.

젖과 꿀이 흐르는 땅으로 가던 이스라엘 백성들은 항상 원망과 불평을 쏟아냈습니다. 그들은 드디어 젖과 꿀이 흐르는 땅 앞에 도착했으나 가나안 땅을 바라보고서, 그곳 사람들에 비하여 자신들은 메뚜기 같다고 말했습니다. 하나님은 이때 "너희 말이 내 귀에 들린 대로 내가 너희에게 행하리니"라고 하시면서, "너희에게 살게 하리라 한 땅에 결단코 들어가지 못하리라"(민 14:28-30)고 선언하셨습니다.

결국 그들은 축복의 땅을 눈앞에 두고도 발길을 돌려 광야로 떠나야만 했습니다. 축복의 땅을 바라보기만 한 구경꾼이 되고 만 것입니다. 그러나 여호수아와 갈렙은 "그들은 우리의 먹이라. 그들의 보호자는 그들에게서 떠났고 여호와는 우리와 함께하시느니라"(민 14:9)고 외쳤습니다. 그 결과 여호수아와 갈렙은 젖과 꿀이 흐르는 축복의 땅으로 들어가 그곳의 주인이 되었습니다. 하나님은 그들이 말한 대로 행하셨습니다.

우리의 말은 우리 인생의 모든 것을 결정합니다. 우리를 향한 하나님의 행동을 결정하는 것입니다.

2장

당신의 말이 변화를 만든다

1
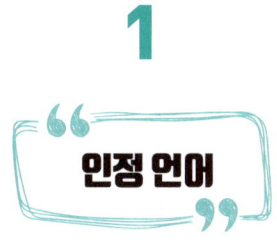
인정 언어

사람의 본질

"하나님이 땅의 흙으로 사람을 지으시고 생기를 그 코에 불어넣으시니 사람이 생령(원어:하이 네 페쉬)이 되니라"(창 2:7)고 했습니다.

사람의 본질이 흙입니까, 생기입니까?

어떤 분이 저에게 넥타이를 선물로 보내왔습니다. 포장지는 뜯어서 폐지통에 버리고 포장지 속의 넥타이는 옷장에 넣었습니다. 제가 받은 선물이 넥타이입니까, 포장지입니까? 제가 받은 선물은 넥타이지 포장지가 아닙니다. 사람의 본질은 생기이지 흙이 아닙니다. 흙은 본질인 생기를 담고 있는 포장지입니다.

하나님은 사람을 흙이라는 포장지로 포장하신 것이지 흙으로 짓지 않으셨습니다.

성경에서 하나님의 형상과 모양대로 사람을 지으셨다는 것은 하나님의 겉모습을 따라 지었다는 이야기가 아닙니다(창 1:26). 하나님은 영이시라 형체가 없으십니다. 이것은 곧 하나님의 신성, 하나님 자신의 것으로 우리를 이루셨다는 것입니다. 우리 육신이 부모의 피와 살로 이루어졌듯이 우리는 하나님의 신성으로 이루어졌습니다.

창조와 사람

하나님이 하늘과 땅을 창조하실 때는 말씀으로 무(無)에서 유(有)를 창조하셨습니다. 동식물을 지으실 때는 "여호와 하나님이 흙으로 각종 들짐승과 공중의 각종 새를 지으시고"(창 2:19)라고 하신 것처럼 흙으로 동물을 지으셨습니다.

그러나 사람은 말씀으로 지으시지도 않았고 흙으로 지으시지도 않았습니다. 생기로 지으셨습니다. 그 생기는 어디서 나왔으며 누구의 것입니까? 그 생기는 하나님께로부터 나온 하나님의 것입니다. 다시 말하면 하나님은 하나님 자신의 것으로 사람이 되게 하셨습니다.

사람은 하나님에게서 나온 생기, 하나님의 것으로 이루어져 있는 존재입니다. 그러므로 사람은 하나님의 전지전능하심, 하나님의 권세, 하나님의 존귀함, 하나님의 영광, 하나님의 선하심, 즉 하나님의 신성으로 이루어진 존재입니다.

   이것이 사람의 본질이며 당신의 본질입니다. 여기에 당신의 가치와 존엄성이 있습니다. 때문에 당신은 소중한 존재입니다. 고귀하고 중요한 존재입니다.

인정하는 말이란?

첫째, 바로 하나님의 신성으로 이루어진 존재 가치를 존재 가치대로 말해 주는 말입니다.

   사실이 그렇지 않은데 특별히 생각해서 좋은 말을 해 주는 것이 아닙니다. 구리를 황금 같다, 유리를 다이아몬드 같다고 말해 주는 것이 아니라 황금을 황금으로, 다이아몬드를 다이아몬드라고 말해 주는 것입니다.

   사람은 본래 가치 있고 귀하고 영광스럽고 소중한 존재입니다. 바로 이 본래의 존재 가치를 그 존재 가치대로 말해 주는 것이 인정하는 말입니다. 원래의 존재 가치, 그 사람의 소유하고 있는 사실을 그대로 인정해 주는 말입니다.

가장 힘이 되는 말

어느 기독교 가정사역기관에서 조사한 바에 따르면, 자녀들이 가장 상처를 많이 받는 말은 "네가 제대로 하는 게 뭐 있어?"(43%)이고, 부모가 자녀들로부터 가장 많이 상처받는 말은, "나한테 해 준 게 뭐 있어요?"(73%), "엄마 아빠 때문에 창피해 죽겠어요"(47%)라는 말이었습니다. 즉, 자녀는 부모가 인정해 주지 않고 무시할 때, 그리고 부모는 자녀에게 인정받지 못할 때 가장 큰 상처를 받는다는 것입니다.

사람은 무시당할 때 가장 분노합니다. 어린아이들에게 "꼬마야!"라고 부르면, "난 꼬마가 아니에요"라며 당장 항변해 옵니다. 본래 무시당할 존재가 아닌데 무시당하니 불쾌하다는 뜻입니다.

'가장 힘이 되는 말은 무엇인가?'라는 질문에 자녀들은 "이 세상에서 네가 가장 소중하단다"라는 말을 부모에게 듣는 것이었고, 부모들은 "누구보다도 우리 부모님을 존경해요" "부모님을 사랑해요"라는 말을 자녀들에게서 듣는 것이었습니다.

또 남편들은 "당신밖에 없어요. 당신이 최고예요"라는 아내의 말을, 아내들은 "당신을 만난 것이 가장 큰 축복이야"라는 남편의 말을 꼽았습니다.

조사 결과 모두가 '인정하는 말'을 가장 힘이 되는 말로 꼽았습니다. 인정받는 말이야말로 가장 힘이 되고 듣고 싶은 말이었습니다.

둘째, '당신은 소중한 사람입니다'라는 메시지를 담고 있는 말입니다.

큰아이가 중학교에 입학하여 지난해 졸업생이 버리고 간 헌 옷을 입고 학교에 갔었습니다. 이럴 경우 대부분의 아이들은 비관하고 낙심합니다. 모두 새 교복을 입고 학교에 오는데 혼자만 헌 옷을 입고 입학을 하면 '이게 뭐야? 도대체 하나님이 계시다면 이럴 수 있는거야?'라고 생각하면서 하나님에 대해서도 자신에 대해서도 비관하고 절망하며, 분노하고 열등감에 빠져들 것입니다. 그런데 민이는 전혀 그렇지 않았습니다.

"민아, 하나님 때문에 헌 옷을 입는 것은 자랑스러운 것이지 부끄러운 것이 아니다. 영광스러운 것이다. 이 옷을 자랑스럽게 생각해라. 하나님이 너를 귀하게 하실 것이다." 기회가 있을 때마다 이 말을 아들에게 해 주었습니다. 아들은 "너는 소중한 사람이다"라는 메시지를 듣고 있었습니다. 때문에 오히려 헌 옷에 전혀 개의치 않고 자부심을 가졌습니다. 학교에서도 두각을 나타내고 왕따는커녕 인기가 최고였습니다.

뿐만 아니라 제 아내는 아이들이 학교에 갈 때 밖으로 나가서 손을 잡고 걸으면서 등도 어루만져 주고 학교 이야기도 물으며 우리 아들은 하나님이 늘 함께해 주신다고 말해 주고는 건널목에 서서 멀리 보이지 않을 때까지 손을 흔들어 주었습니다. 아이는 행복해하며 뒤돌아보고 또 보며 손을 흔들고 학교를 갔습니다.

이 배웅 속에 엄청난 메시지가 들어 있습니다.

"네가 얼마나 소중한 존재인지 모른다. 너는 참으로 가치 있는 존재란다. 엄마가 참으로 너를 사랑한단다."

손을 흔들고 바라보고 있을 때 이런 말의 에너지가 엄청난 힘으로 흘러 전해집니다. 그렇기 때문에 새 교복 한번 입지 못하고 선배가 버린 헌 옷을 주워 입고 다녀도 학교 대표로 모범생으로 뽑히고 반장이 되고 학생회장이 되었습니다. 인정을 받고 있기 때문이었습니다.

남편이 출근할 때 매일 남편이 눈에 보이지 않을 때까지 손을 흔들어 주며 배웅해 준다면 그 남편은 가정을 소중히 여기는 남편이 될 것입니다. 집 안에서 배웅하지 말고 아무리 바빠도 문밖에 나가 눈에 보이지 않을 때까지 손을 흔들어 보십시오. 이렇게 아내의 배웅을 받는 남편은 반드시 가정을 소중히 여기게 되어 있으며, 이런 엄마의 배웅을 받 아이는 밝고 자존감 높은 아이로 성장하게 되어 있습니다.

세상에 아무리 바쁜 일이 많아도 인생에서 가족만큼 소중한 것이 없으며, 가정만큼 소중한 것은 없습니다. 가정은 가족 모두를 행복하게 하는 곳이요, 삶의 가장 큰 의미를 주는 곳입니다. 가정에서 하나님의 귀한 일을 감당하고 세계를 변화시킬 하나님의 인재가 나옵니다.

사람은 누구나 소중한 존재임을 인정받아야 합니다. 하나님의 신성으로 지어진 고귀한 존재이기 때문입니다. 인정받을 때 자부심을 갖게 되고 자존감이 높아져 귀한 인물이 될 수 있습니다.

삭개오와 예수님

삭개오는 뽕나무 위에서 주님을 만났습니다. 그리고 주님을 자기 집에 모시게 되자 감격해서 이렇게 말했습니다.

"내 소유의 절반을 가난한 자들에게 주겠사오며 만일 누구의 것을 속여 빼앗은 일이 있으면 네 갑절이나 갚겠나이다"(눅 19:8)

주님이 그에게 재산을 내놓으라고 말씀하시지 않았습니다. 또 당시에는 남의 것을 빼앗은 사람은 원금의 5분의 1만 더하여 주면 되었습니다. 그런데 삭개오는 네 배나 더 주겠다고 나섰습니다. 무엇이 삭개오를 이렇게 변화시킨 것일까요? 주님이 뽕나무에 올라가 있는 삭개오를 보고 하신 말씀에 그 비밀이 들어 있습니다.

"삭개오야 속히 내려오라. 내가 오늘 네 집에 유하여야 하겠다"(눅 19:5)

당시 유대사회에서 세리(稅吏)라는 세금징수원의 신분은 동족에게 세금을 갈취해서 로마 정부의 앞잡이 노릇을 하는 매국노요, 불의하게 부를 축적하는 사람이라 해서 사회적으로 창녀와 같이 취급되었기에 말을 붙이는 사람이 없었습니다. 모두 다 눈도 마주치지 않았고 만나면 피해 갔습니다. 그래서 그들과 음식을 같이 먹고 그들의 집에 출

입하는 일은 생각할 수도 없는 일이었습니다. 그런데 예수님이 자기의 집에 와서 먹고 자겠다고 하신 것입니다! 처음으로 그를 인정해 주는 사람을 만난 것입니다.

"내가 오늘 네 집에 유하여야 하겠다."

이 말씀이 무슨 말입니까?
"삭개오야, 세상 모든 사람이 너를 무시하여도 나는 너를 무시하지 않는다. 나는 너를 귀하게 생각한다. 나는 너를 소중하게 생각한다. 그래서 오늘 밤 다른 집에 가지 않고 네 집에 가서 묵겠다." 바로 이 말씀이었습니다.

예수님은 삭개오의 행위를 보신 것이 아니라 삭개오 안에 있는 하나님의 신성으로 지으신 인간의 본질을 보셨습니다. 때문에 그를 귀하게 보셨습니다. 하나님은 우리의 외모를 보지 않으시고 우리의 본질을 보십니다. 그러므로 "너희는 택하신 족속이요 왕 같은 제사장들이요 거룩한 나라요 그의 소유가 된 백성이니"(벧전 2:9)라고 말씀하시는 것입니다.

우리도 그 사람의 본질을 볼 때 그 사람을 소중히 여길 수 있습니다. 더욱이 삭개오는 지금껏 자기를 무시하던 수많은 동네 사람들이 듣고 보는 앞에서 이 말씀을 들었습니다. 때문에 이 말은 삭개오의 마음을 흔들어 놓았습니다. 사람은 인정받을 때 변화됩니다. 잔소리로 변화되지 않습니다. 때문에 삭개오는 이 말 한마디에 180°로 바뀌는 변화가 일어났습니다.

인정해 주는 말을 혼자 있을 때 해 주어도 감동이 되지만 여러 사람 앞에서 하게 될 때 그 말의 힘은 몇 십 배로 증가됩니다.
엄마가 아이들을 씻기고 새 옷을 입혀 줄 때 아빠가 아이들에게 "우리 ○○는 참 좋겠다. 이렇게 씻겨 주고 사랑해 주는 좋은 엄마가 있으니 좋겠다"라고 말하면 아내는 인정하는 말을 아이들 앞에서 들으니 몇 배로 더 기쁘고 힘이 납니다. 또 아이들은 엄마뿐 아니라 아빠의 사랑도 느끼고 아빠가 엄마를 소중하게 생각하는 것을 보며 부모를 존경하게 되고 행복감에 싸이게 됩니다. 작은 말 한마디가 가정을 사랑과 행복에 휩싸이게 합니다.
엄마가 가족 앞에서 아빠를 인정하는 말은 어떻게 하면 될까요?
딸기를 사 가지고 와서 씻은 후 아이들 앞에서 딸기를 그릇에 담고 "이건 아빠 거야" 하고 따로 냉장고에 넣어둔다면 '아빠는 우리에게 참으로 소중한 분이야'라는 아빠를 인정하는 메시지를 아이들에게 주게 됩니다.
저녁에 아빠가 집에 왔을 때 엄마가 아이들에게 "아빠 딸기 준비한 거 꺼내와라" 하고 아이들 앞에서 말할 때 아빠의 마음은 어떨까요? 대수롭지 않은 듯해도 마음은 '아내가 나를 소중하게 생각해 주는구나' 하고 감동을 받습니다.

가족들이 집 밖으로 나갈 때나 돌아올 때 어떻게 하면 좋을까요?

아이들을 학교에 보낼 때 엄마가 꼭 껴안아 주고 뽀뽀도 해 주고 밖에 나가서 안 보일 때까지 배웅해 주십시오.

남편은 출근할 때 아내를 안아 주고 뽀뽀도 해 주고, 어색하면 손을 잡아 주십시오. 아내는 바깥으로 따라 나와서 남편이 안 보일 때까지 손을 흔들며 배웅해 주십시오. 처음에는 들어가라고 왜 나오냐고 하지만 일주일만 되면 대부분의 남편들은 뒤를 보고 또 보며 출근하기 시작합니다. 그만큼 자신이 소중히 여김을 받는 것에 감동하기 때문입니다. 이 사람은 반드시 가족과 가정을 소중하게 생각하는 사람이 됩니다. 또 남편이 돌아올 때 애들한테 "아빠 오셨다. 문 열어드려라" 하지 말고 하던 일을 멈추고 나가서 "여보, 수고했어요" 하면서 정답게 맞이해 보십시오. 저희 단체의 '생명언어학교'에서 이런 과정을 통해 남편들이 가정을 소중하게 생각하게 되었고 가족이 사랑으로 하나 되었다는 변화와 행복한 간증들이 쏟아지고 있습니다.

이런 언어들은 엄청난 사랑의 메시지가 파도처럼 가족들에게 휘몰아치게 합니다. 그러므로 이렇게 가족이 만나고 헤어지는 가정은 결코 불행해지지 않습니다. 서로가 서로를 소중하게 여기는 말이 있는 가정은 반드시 변화와 행복이 깃들게 되어 있습니다.

셋째, 수고와 능력을 알아주는 말입니다.

모 기업체에서 직원 3,759명에게 설문한 바에 의하면 직장상사에게 가장 듣고 싶은 말 1위는 "수고했어"이고, 2위는 "역시 믿을만하다"였습니다. 이 말을 들을 때 신이 나서 더 일을 잘해야겠다고 생각한답니다. 반대로 제일 듣기 싫은 말은 "야!" "너" "당신"이라고 대답했습니다. 이 말이 가장 듣기 싫은 이유가 무엇입니까? 자신의 존재 가치를 무시하는 말이기 때문입니다. 사람은 본래 하나님의 신성으로 이루어져 있기에 가치 있는 존재요, 무엇이든 잘할 수 있는 존재입니다. 그런데 "야!" "너"와 같은 말은 그 존재 가치와 능력을 무시하는 말이기 때문입니다.

반면에 "수고했어"란 말이 가장 듣고 싶은 이유는 그의 능력과 수고를 알아주는 말이기 때문입니다. 손님맞이에 애쓴 아내에게 "여보, 수고했어" 할 때, 퇴근한 남편에게 "여보, 수고 많았어요" 하고 말해 줄 때 피로가 확 가시고 신이 날 것입니다.

인정하는 말이란 바로 그 사람의 본질적 존재 가치를 인정해 주는 말이요, 소중한 사람이라는 메시지를 주는 말이요, 능력과 수고를 알아주는 말입니다.

무시하는 말에 따르는 형벌

사람은 하나님의 형상대로 지음 받았습니다. 때문에 한 사람 한 사람이 소중하고 존귀한 존재입니다. 그러므로 사람을 무시하는 말을 할 때에는 하나님의 형벌이 따릅니다. 마태복음 5장에서 예수님은 살인에 대해 설명하시면서 사람의 육체를 죽이는 것만이 살인이 아니라 말로써 사람을 죽이는 것도 살인이라고 하셨습니다.

> "옛 사람에게 말한 바 살인하지 말라. 누구든지 살인하면 심판을 받게 되리라 하였다는 것을 너희가 들었으나 나는 너희에게 이르노니 형제에게 노하는 자마다 심판을 받게 되고 형제를 대하여 라가라 하는 자는 공회에 잡혀가게 되고 미련한 놈이라 하는 자는 지옥 불에 들어가게 되리라"(마 5:21-22)

사람에 대해서 노하는 것, '라가(멍청하다)'라고 조롱하는 것, 미련하다고 무시하는 것 모두가 살인에 해당하는 심판을 받고 공회에 붙잡히고 지옥 불에 들어갈 만한 죄라는 것입니다. 우리가 생각할 때는 별것 아닌 것 같은데 지옥 불에 들어갈 만큼 죄가 크다는 말씀입니다.

멍청하다거나 미련하다고 무시하는 말은 살인 언어요, 지옥 불에 들어갈 언어입니다.

우리는 사람을 그 사람 그대로 받아들여야 합니다. 이리저리 살펴

보고 아래위로 훑어본 다음, 뭐가 좀 있는 것 같으면 허리를 굽혀 인사하고 웃음을 보이는 사람은 하나님이 고개를 저으십니다. 사람을 살펴보는 것은 큰 죄악입니다. 왜냐하면 모든 사람은 하나님의 형상대로 지음 받았고, 예수 그리스도께서 그 사람을 위해 죽기까지 사랑하시기 때문입니다.

그러므로 모든 사람을 존귀하게 생각해야 합니다. 하나님의 형상대로 지음 받았다는 사실을 그 사실대로 말해 주는 것이 인정하는 말입니다. 사람은 누구에게나 이 인정이 필요합니다. 그리고 인정을 받을 때 행복을 느끼고 변화가 일어납니다.

"당신이 최고예요."

"역시 당신이야."

"수고했어요. 고마워요."

"너는 하나님의 아들(딸)이야."

"너는 소중한 사람이야."

"너는 중요한 사람이야."

이런 언어가 당신의 말 속에서 흘러나올 때 놀라운 일들이 일어날 것입니다.

헨델의 메시아가 나오기까지

　음악이 울려 퍼지면 영국 여왕도 일어나 경의를 표하는 곡이 있습니다. 바로 헨델이 작곡한 '메시아' 중 42번인 '할렐루야'가 그 곡입니다.

　헨델은 근세기에 가장 뛰어난 작곡가로서, 그가 만든 곡마다 사람들의 큰 호응을 받았습니다. 그러나 이를 시기한 사람들이 그의 곡이 발표되는 공연장마다 불량배들을 보내 공연장을 아수라장으로 만들어 버리곤 했습니다. 이로 인해 공연장들은 헨델의 작품을 공연하려 하지 않았고, 이에 절망한 헨델은 뇌졸중으로 반신불구가 되어 버렸습니다.

　어느 날 그에게 이름 모를 한 시인으로부터 한 통의 편지가 날아왔습니다.

"주님은 사람들에게 멸시와 버림받은 바 되셨습니다. 그러나 지금 전능의 주님은 온 세상의 왕이 되어 다스리고 계십니다. 힘을 내십시오."

이 한 통의 격려 편지가 헨델의 몸과 마음에 놀라운 생명력을 불어 넣어 주었습니다. 다시 힘을 얻은 헨델은 23일간 식음을 전폐하고 묵상에 몰두했습니다.

24일째 되는 날 하인이 그의 방에 들어갔다가 무릎을 꿇고 눈물을 흘리며 감격하고 있는 헨델을 보았습니다. 헨델은 악보를 들고 "내 앞에 하늘이 열렸다. 나는 전능하신 하나님을 뵈었다"고 외쳤습니다. 바로 그날 헨델은 영원불멸의 명작 메시아를 작곡했습니다.

한 무명시인이 보낸 한 통의 격려 편지가 절망과 좌절로 죽어 가던 헨델을 일으켜 세워 영원불멸의 명작 메시아를 탄생시킨 것입니다.

격려 언어란?

첫째, 힘이 되어 주고 편이 되어 주는 말입니다.

사람은 누구나 격려해 주는 말이 필요합니다. 누구든지 힘이 되고 편이 되어 줄 때 일어나게 됩니다.

어떤 아이가 어느 날 학교 시험에서 80점을 받았습니다. 너무 신이

났습니다. 항상 50~60점을 받다가 80점을 받은 시험지를 엄마가 보면 크게 기뻐할 것이라 생각하고 집으로 달려왔습니다.

엄마 앞에 시험지를 딱 내보였는데 엄마가 시험지를 살피다가 "문제가 쉬웠나 보네"라고 했습니다. 아이는 그만 힘을 잃고 말았습니다. 이렇게 격려해 주어야 할 때에 이런 불신형의 엄마는 좌절감을 줍니다. "옆집 철수는 몇 점 받았어?" 하고 말하는 비교형 엄마, "이것만 안 틀렸으면 100점도 받을 수 있었잖아" 하는 욕심형 엄마, "웬일이야 오늘은 해가 서쪽에서 뜨겠네"라고 말하는 조롱형 엄마도 있습니다.

"잘했구나. 수고했다. 우리 아들!" 하고 힘이 되고 편이 되어 주면 힘을 얻어서 더욱 열심히 공부하여 더 잘하려고 할 것이며, 엄마와도 좋은 관계가 될 수 있는데 좌절감을 주면 모든 좋은 것의 싹을 잘라 버리게 됩니다.

욥과 친구들

사람은 어려울 때도 있고 낙심될 때도 있고 고통스러울 때도 있습니다. 이럴 때 힘이 되고 편이 되어 주면 일어나게 됩니다.

욥이 사탄으로부터 시험을 받아 모든 재산을 잃고 자녀도 잃고 아내도 떠나고 병든 몸으로 신음하고 있을 때 욥의 친구였던 엘리바스와 빌닷과 소발은 어려움에 처한 욥에게 와서 하나같이 판단하고 정죄합니다.

> 엘리바스: 생각하여 보라. 죄 없이 망한 자가 누구인가. 정직한 자의 끊어짐이 어디 있는가? (욥 4:7)
> 빌닷: 하나님이 어찌 정의를 굽게 하시겠으며 전능하신 이가 어찌 공의를 굽게 하시겠느냐? (욥 8:3)
> 소발: 말이 많으니 어찌 대답이 없으랴 말이 많은 사람이 어찌 의롭다 함을 얻겠느냐? (욥 11:2)

엘리바스와 빌닷은 욥에게 네가 죄를 지어서 하나님의 심판을 받는다고 정죄하였고 소발도 말이 많으면 의롭다함을 얻지 못한다고 정죄하였습니다. 훗날 하나님은 이 친구들을 책망하시고 욥에게 힘이 되시고 편이 되어 주십니다.

> "데만 사람 엘리바스에게 이르시되 내가 너와 네 두 친구에게 노하나니 이는 너희가 나를 가리켜 말한 것이 내 종 욥의 말 같이 옳지 못함이니라"(욥 42:7)

우리 주위에는 이처럼 쉽게 비판하고 정죄하고 판단하는 사람들이 있습니다. 성경은 비판하고 정죄하고 판단하면 그 사람도 비판받고 판단받는다고 했습니다(마 7:1-5).

바울과 바나바

　성경에서 욥의 친구들처럼 어려울 때 비판하고 판단하는 사람이 있는가 하면 힘이 되고 편이 되어 준 사람도 있습니다. 그 대표적인 인물이 바나바입니다.

　위대한 사도 바울 뒤에는 바나바라는 위대한 격려자가 있었습니다. 사도행전 9장 26-27절을 보면 바울이 예루살렘으로 가서 제자들을 사귀고자 했으나 다 두려워하고 그의 회심을 믿지 아니하며 배척할 때에 바나바가 사도들에게 가서 그의 회심을 보증하고 사도와 교제할 수 있도록 도와주었습니다.

　그로 인해 바울은 사도들과 성도들의 신뢰를 얻을 수 있게 되었습니다. 수년 후 바나바는 최초의 이방 교회인 안디옥 교회에 사도들로부터 파송받아 목회를 시작할 때에도 바울을 추천하여 함께 목회를 시작했습니다. 당시 바울이 고향 다소에서 쉬고 있었기 때문에, 바나바는 바울에게 자신의 목회지를 할애해서 하나님의 일을 할 수 있도록 배려해 주었던 것입니다.

　그 후에도 바나바는 바울이 선교여행을 할 때에도 함께 참여하여 동역했습니다.

　격려자란 판단하고 비난하고 정죄하고 낙심시키는 사람이 아니라 힘이 되어 주는 사람이요, 편이 되어 주는 사람입니다.

최고의 격려자 보혜사 성령

갈멜산에서 바알 선지자들과 싸워 승리한 엘리야가 그 후에 아합의 왕후 이세벨이 군사를 풀어 잡으려 하자 쫓겨 도망치다 로뎀나무 아래에 지쳐 하나님께 죽기를 구하다 쓰러져 있을 때 하나님이 천사를 보내 그를 격려해 주셨습니다.

> "로뎀나무 아래에 누워 자더니 천사가 그를 어루만지며 그에게 이르되 일어나서 먹으라 하는지라. 본즉 머리맡에 숯불에 구운 떡과 한 병 물이 있더라. 이에 먹고 마시고 다시 누웠더니"(왕상 19:5-6)

천사가 만들어 준 따뜻한 빵과 물을 먹고 마시고 다시 쓰러졌을 때 "여호와의 천사가 또 다시 와서 어루만지며 이르되 일어나서 먹으라. 네가 갈 길을 다 가지 못할까 하노라"(왕상 19:7)라고 하자 이에 엘리야가 천사가 구워 준 구운 빵과 물을 다시 먹고 마시고 힘을 얻어 사십 주 사십 야를 걸어 호렙산에 이르렀습니다. 욥의 편이 되어 주시고 엘리야의 힘이 되어 주신 하나님은 우리가 지치고 곤할 때 우리의 힘이 되고 편이 되어 주시는 분입니다. 나를 굳세게 하며 붙들어 주시고 도와주시는 하나님이십니다. 언제 어느 때나 나와 함께하시는 하나님이십니다.

"두려워하지 말라. 내가 너와 함께함이라. 놀라지 말라. 나는 네 하나님이 됨이라. 내가 너를 굳세게 하리라. 참으로 너를 도와주리라. 참으로 나의 의로운 오른손으로 너를 붙들리라"(사 41:10)

"네가 물 가운데로 지날 때에 내가 너와 함께할 것이라. 강을 건널 때에 물이 너를 침몰하지 못할 것이며 네가 불 가운데로 지날 때에 타지도 아니할 것이요 불꽃이 너를 사르지도 못하리니"(사 43:2)

천사를 보내 격려하셨던 하나님, 기쁠 때나 슬플 때나 강을 지날 때나 불을 지날 때나 항상 함께하시겠다는 그 하나님이 이제 육신의 모습으로, 예수라는 이름으로 이 땅에 오셔서 우리의 격려자가 되어 주셨습니다. 그분은 이 땅에 계시면서 힘없고 약한 자, 따돌림과 멸시받는 자들, 고통 속에 있는 사람들과 친구가 되어 주셨습니다. 그리고 이 땅을 떠나시면서 "또 다른 보혜사를 너희에게 주사 영원토록 너희와 함께 있게 하리니"(요 14:16)라고 했습니다.

예수님이 승천하신 후 보혜사이신 성령이 이 땅에 오셨습니다. 보혜사라는 말은 한자로 지킬 보(保), 은혜 혜(惠), 스승 사(師), 즉 보호해 주고 도와주고 가르쳐 주는 분이라는 뜻을 가지고 있습니다.

"볼지어다 내가 세상 끝날까지 너희와 항상 함께 있으리라"(마 28:20)

예수님은 우리를 세상에 홀로 두지 않으시고 격려해 주시는 보혜사로 우리와 세상이 끝날 때까지 우리와 항상 함께하시는 분이십니다.

둘째, 격려 언어란 희로애락을 함께하는 것입니다.

로마서 12장 15절은 "즐거워하는 자들과 함께 즐거워하고 우는 자들과 함께 울라"고 했습니다.

세례 요한과 예수님

세례 요한은 당시에 가장 존경받는 선지자였습니다. 그런데 예수님이 등장하자 요한에게 몰려왔던 사람들이 예수님께 몰려갔습니다. 이에 세례 요한은 "신부를 취하는 자는 신랑이나 서서 신랑의 음성을 듣는 친구가 크게 기뻐하나니 나는 이러한 기쁨으로 충만하였노라." 그는 흥하여야 하겠고 나는 쇠하여야 하리라(요 3:29)라고 했습니다.

세례 요한은 시기하고 질투하는 것이 아니라 예수님이 흥하는 것을 기뻐하고 기뻐했습니다. 격려란 즐거워하는 자, 흥하는 자에 대해 시샘하고 질투하는 것이 아니라 그와 함께 기뻐하고 즐거워하는 것입니다.

십자가 밑에 있었던 사람들

요한복음 19장 25-26절에 "예수의 십자가 곁에는 그 어머니와 이모와 글로바의 아내 마리아와 막달라 마리아가 섰는지라. 예수께서 자기의 어머니와 사랑하시는 제자가 곁에 서 있는 것을 보시고"라고 되어 있습니다. 예수님이 십자가 위에서 신음하고 계실 때 어머니 마리아와 이모, 글로바의 아내 마리아, 막달라 마리아, 제자 요한은 예수님의 십자가 밑에서 예수님과 고통을 함께했습니다. 오병이어의 기적을 베풀 때 몰려왔던 군중들은 다 떠났고 예수님이 이적과 기사를 베풀 때 환호하던 군중도 떠났고 제자들마저도 떠난 그 자리에 이 다섯 사람이 남아 예수님의 신음소리를 들으며 함께 십자가의 고통을 나누었습니다.

격려란 눈물과 고통을 함께 나누는 것입니다.

아이젠하워 대통령

미국의 아이젠하워(Eisenhower) 대통령은 군인 출신 대통령입니다. 그가 군에 있을 때 수년째 소령에서 진급이 되지 않았습니다. 그의 동료들은 중령으로, 대령으로 진급하는데 수년째 소령에 머물러 있으니 보통 고통이 아니었습니다. 가족 보기도 민망하고 정말 살맛이 나지 않았습니다.

이런 남편을 둔 대부분의 부인들은 "당신은 도대체 왜 진급을 못해요? 다른 사람들은 다 진급하는데"라면서 남편을 나무라기 쉽습니다. 설령 그런 말은 하지 않더라도 그런 생각으로 남편을 대하는 경우가 많을 것입니다. 아이젠하워 대통령의 부인도 그런 식으로 남편을 대했더라면 아이젠하워 대통령은 탄생하지 않았을 것입니다. 아이젠하워의 부인 매미 여사는 언제나 남편에게 이렇게 말했다고 합니다.

"여보, 전 당신을 믿어요. 진급은 생각하지 말고 교육의 일인자만 되세요. 반드시 당신에게 기회가 올 거예요."

아이젠하워는 교육장교였습니다. 그는 아내의 말에 힘을 얻어 군사교육을 연구하는 데 전념했고 마침내 군에서 인정받는 교육의 일인자가 되었습니다. 이때부터 고속 승진이 시작되었습니다. 중령, 대령을 거쳐 별을 달고, 해군사령관과 미합중국 대통령 자리에까지 오르게 되었습니다.

월드컵 스타 안정환과 그의 아내

2002년 월드컵 이탈리아 전에서 헤딩으로 결승골을 넣으며 온 국민의 마음을 흥분의 도가니로 몰아넣은 4강 신화의 주인공 안정환 선수는 2001년에 이탈리아 페루자 팀에 입단한 후 어려움이 한두 가지가 아니었다고 합니다. 동양인에 대한 차별과 무명선수로 출전 기회가 주어지지 않아 벤치 신세를 져야 했습니다. 한국의 언론은 '안정환 폭락'이라는 보도로 심신을 더욱 지치게 만들었습니다. 절망감과 고독감이 쌓여 지쳐 있던 나날들이었습니다.

아무도 반기지 않는 싸늘한 집으로 돌아온 어느 날, 집에 들어서는데 눈물이 주르륵 흘러내렸습니다. 그때 현관에 놓인 작은 상자가 눈에 들어왔습니다. 약혼자 혜원 양이 보낸 것이었습니다. 반갑게 상자를 뜯어보니 예쁘게 담긴 선물들과 편지가 있었습니다.

편지에는 "오빠, 내가 매일 오빠를 위해 기도하고 있어요. 오빠는 혼자가 아니에요. 하나님이 오빠와 함께하실 거예요"라고 적혀 있었습니다.

'그래, 이대로 주저앉을 수 없어. 일어나야 해.'

편지를 읽은 안정환 선수는 다시 힘을 얻어 맹훈련을 하였고, 차츰 페루자에서도 인정을 받게 되고 월드컵에서도 맹활약할 수 있었다고 합니다.

폴 투르니에가 만난 사람들

세계적인 기독교 상담가 폴 투르니에(Paul Tournier)는 기독교상담을 말할 때 가장 먼저 등장하는 사람입니다. 그는 기독교상담과 심리학을 결합시킨 학자이자 인격 치료를 외쳤던 의사입니다.

그는 어릴 때 부모를 잃고 알코올 중독자였던 삼촌 집에서 자폐증으로 죽어 가던 아이였습니다. 그런 그가 자폐의 늪에서 빠져나와 인류에 공헌하는 오늘날의 폴 투르니에가 된 것은 줄 뒤부아라는 선생님과 그의 아내의 따뜻한 격려가 있었기 때문이었습니다. 위대한 인물 뒤에는 따뜻이 격려의 말을 해 준 사람들이 있었습니다.

격려는 귀한 사람, 위대한 사람을 만들고, 위대한 성공을 만들어 냅니다. 격려란 기쁨을 함께하고 고통도 함께하며, 눈물도 함께하고 희로애락을 함께하는 것입니다.

모든 사람에게 필요한 격려

호주 시드니에서 저희 단체가 주최한 '청소년 지도 세미나와 토론회'에 참가한 학생들에게 가정에서 가장 어려운 일이 무엇인가를 부모님 앞에서 말해 보도록 했습니다. 그때 그들은 하나같이 이렇게 말했습니다.

"우리도 외국에서의 학교생활이라 어렵고 힘든 일이 참 많습니다. 그런데도 부모님은 저를 볼 때마다 공부 공부 하면서 몰아치는 것이 가장 야속하고 힘듭니다."

광야와 같은 세상을 살아가는 인생은 누구나 어렵고 힘든 길을 갑니다. 우리는 모든 사람에게서 그것을 볼 수 있어야 합니다. "공부하기 힘들지?" "아빠 힘드시죠?" "여보 힘내요." "제가 기도하고 있어요." 이와 같은 격려의 말 한마디가 메마른 인생 길에 생수가 됩니다.

저도 사역을 하면서 가끔 "목사님 힘내세요. 제가 기도하고 있습니다"라는 말을 들을 때마다 가슴이 따뜻해집니다. "당신의 메시지는 언제 들어도 깊고 은혜가 넘쳐요. 하나님이 당신을 귀하게 쓰실 겁니다. 내가 기도로 밀게요." 아내에게 이런 격려를 받을 때 힘이 솟아납니다.

독일의 신학자 디트리히 본 훼퍼(Dietrich Bonhoeffer)는 "이 세상에서 격려가 필요하지 않은 사람은 한 사람도 없다"고 했습니다.

하나님은 이 복된 말을 우리에게 맡기셨습니다.

"제가 늘 당신을 위해 기도하겠습니다."

"하나님이 당신과 함께하십니다."

"나는 당신의 편입니다."

"힘내세요."

3
칭찬 언어

사람을 움직이는 칭찬

우리에게 야구 선수 박찬호의 미국 양아버지로도 잘 알려진 토미 라소다(Tommy Lasorda) 전 LA다저스 감독은 메이저리그 선수로서 단 1승도 건지지 못하고 4패(방어율 6.52)가 성적의 전부인 보잘것없는 왼손 투수였지만 내셔널리그 감독으로 취임한 이듬해 연속 리그우승(1977, 78년)을 시작으로 수많은 경이로운 기록을 남기며 50년째 다저스에 있는 미국 야구의 대표적인 지도자입니다.

그가 오늘 미국의 대표적 지도자로서 수많은 승리를 만든 비결 중에는 늘 선수들을 칭찬하는 말이 있었습니다. 선수가 안타를 치면 어떻게 칭찬할까를 생각하며 "이번에 아주 공이 빨랐는데도 잘 쳤어. 좋았어!"라고 세심하게 칭찬하여 선수의 능력을 끌어올렸다고 합니다.

잠언 27장 21절은 "도가니로 은을, 풀무로 금을, 칭찬으로 사람을 단련하느니라"고 말씀하고 있습니다. 이 말씀을 원어로 보면 "도가니로 은을, 풀무로 금을" 할 때에는 '레(번역-위하여)'라는 말이 첨부되어 있습니다.

"칭찬으로 사람을 단련하느니라"에서는 원어로 '레피(번역:인하여)'와 '페(번역:입)'가 있으나 "단련하느니라"는 없습니다. 그러니까 직역하면 "도가니는 은을 위하여, 풀무는 금을 위하여, 사람은 칭찬하는 입으로 인하여"가 됩니다.

정리하면 "은은 도가니로 만들어지고 금은 풀무로 만들어지고 사람은 칭찬하는 입으로 인하여 귀한 사람으로 만들어진다"는 것입니다. 즉, 도가니와 풀무불에서 이물질이 썩어 쓸모없던 은과 금이 100%의 순금과 순은으로 만들어지듯이 사람은 칭찬으로 인하여 귀한 사람으로 만들어진다는 것입니다.

칭찬은 어떤 언어일까요?

첫째, 칭찬은 잠재력을 극대화시키는 언어입니다.

하나님은 사람을 자신의 것으로 지으셨습니다. 그러므로 사람은 무한한 능력을 가지고 있습니다. 뇌를 연구하는 학자들은 인간의 뇌는 무게가 약 150g이고, 세포 수는 약 140억 개 정도 되는데, 보통 사람은 평생 10%도 사용하지 못한 채 죽는다고 말합니다.

갤럽 박사는 아인슈타인도 뇌를 15%밖에 사용하지 못했다고 했습니다. 사람이 무한한 잠재력을 갖고 있으면서도 이를 사용하지 못하고 있다는 말입니다. 이 잠자는 잠재력을 깨우는 위대한 도구가 바로 칭찬입니다.

미국의 심리학자 로젠소올(Rosenthal) 교수는 다음과 같은 실험을 했습니다. IQ테스트 자료로 초등학교 학생들에게 테스트를 한 다음, 테스트 결과를 보지도 않고 5명당 1명 정도의 아이들을 무차별 선정하여 아이들 앞에 세우고 "오늘 테스트 결과 이 아이들은 아주 머리가 우수한 아이들입니다"라고 칭찬해 주었습니다.

그후 1년이 지나 똑같은 아이들에게 지능 테스트를 해 보니 칭찬받은 아이들이 다른 아이들에 비해 지능이 월등히 상승했음을 알 수 있었습니다. IQ가 20 이상 올라간 아이도 있었습니다.

"멍청한 놈" "이 바보야" "이 돌머리야"라는 말을 들으면 잠재력이 깊숙이 침체되어 버립니다. 그러나 "야, 대단하네!" "잘했다. 잘했어" "넌 역시 뭔가 있어"라고 칭찬해 주면 잠자던 잠재력이 깨어나기 시작합니다.

둘째, 칭찬은 사랑의 가장 큰 표현입니다.

한 가정사역단체의 조사 자료에 따르면 "나에게 상처를 주고 고통을 준 사람은 누구인가?"라는 질문에 40.7%가 아버지, 32.1%가 어머니, 27.2%가 집안 식구라고 응답했습니다. 1,2,3위가 다 가족이었습니다. 소망을 주고 용기를 주고 기쁨을 주어야 할 가족에게서 우리는 가장 고통을 많이 받고 있는 것입니다.

그 고통의 주범이 바로 말입니다. 가족 간에 오가는 말이 우리에게 상처를 주는 주범이고, 부정적 자아상을 만드는 주범인 것입니다.

나에게 고통을 준 사람들을 용서하면 관계는 회복될 수 있지만, 상처를 준 말은 남아서 마음속에 부정적 자아상을 만들어 놓습니다. 이것을 어떻게 치유하고 변화시킬 수 있을까요? 역시 말로써 이루어집니다. 사람을 병들게 하는 것도 말이요, 사람을 치유하고 변화시키는 것도 말인 것입니다. 그 말이 무슨 말입니까? 사랑한다는 말입니다. 가족 사이에 '사랑해'라는 말이 필요합니다. 사랑의 말이 없기에 상처를 주고받는 말을 하게 됩니다. 사랑의 말을 해야 합니다. 사랑의 말은 사랑해란 말만 있는 것은 아닙니다.

사랑해란 말을 들을 때도 사랑을 느끼지만 칭찬받을 때는 몇 배나 더 큰 사랑을 느낍니다.

* 여보! 오늘 찌개 맛있다. 집에서 먹는 게 제일이야.
* 당신 요즘 얼굴이 이뻐지고 있네요.
* 당신같이 능력 있는 사람이 없어요.
* 우리 아들은 뭐든지 적극적이야.
* 우리 딸은 매사가 깔끔해.

※ 목사님 설교에 은혜 많이 받았어요.

이런 칭찬을 받을 때 상대는 진한 사랑을 느낍니다.
그러므로 굳이 '사랑해'라는 말을 하지 않아도 얼마든지 사랑을 전하는 말을 할 수 있습니다.
바로 칭찬이 사랑의 가장 큰 표현입니다.

셋째, 칭찬은 사람을 변화시키는 마술의 언어입니다.

말에는 우리의 자아상을 변화시키는 놀라운 능력이 있습니다. 특히 칭찬은 긍정적 자아상을 만드는 마술의 언어입니다. 성장하면서 "이 바보 같은 놈" "어디 마음에 드는 곳이 한 군데라도 있어야지" "네가 잘하는 게 뭐냐?"는 식의 말을 들으면 자아상이 완전히 부정적으로 형성됩니다.

그러나 "야, 참 잘한다" "대단한데" "수고했다" "네가 최고다" "넌 소중한 존재다" "넌 하나님의 아들이고 귀한 존재다"라는 말을 들으면 긍정적 자아상이 형성됩니다. 칭찬이 긍정적 자아상을 만들어내는 것입니다.

성자 조지 뮬러(George Mueller) 목사는 14세 때 어머니를 잃고 방황하면서 아버지와 다툼이 많았습니다. 그러다가 동네 목사님의 말을 듣고 새 출발하면서 아버지와 화해했을 때 아버지가 말했습니다.

"얘 조지야, 넌 틀림없이 큰 인물이 될 거다. 사실 너같이 용기를 가진 사내대장부는 없거든. 나는 너 때문에 걱정도 했지만 한 번도 희망을 버린 적이 없단다."

이 말이 조지 뮬러의 마음을 기쁘게 했고 새로운 사람이 되는 데 큰 힘이 되었다고 합니다.

칭찬의 말은 칭찬을 듣는 사람뿐만 아니라 칭찬을 하는 사람이 더 많은 변화를 간증합니다. 칭찬의 말은 하는 사람이나 듣는 사람이나 모두를 변화시키는 마술의 언어입니다. 그러므로 가까운 사람들이나 가족 간에도 칭찬을 아끼지 말아야 합니다. 칭찬 한마디가 서로에게 사랑과 신뢰를 갖게 하며 변화와 행복을 만들 것입니다.

칭찬의 7가지 법칙

칭찬에는 7가지 법칙이 있습니다.

첫 번째 칭찬의 법칙은 진심으로 하는 것입니다.

사기꾼들은 입에 발린 칭찬을 남발합니다. 환심을 사기 위해, 이익을 추구하기 위해 하는 사기꾼의 칭찬은 순수하지 않으므로 결국에는 상처만 줍니다. 칭찬은 나의 유익을 위해서가 아닌 그 사람을 위해서 마음에서 우러나오는 것이어야 합니다.

못생긴 사람에게 "참 미인이네요"라고 하거나 부부싸움을 해서 마음이 편치 못한 사람에게 "오늘 얼굴이 좋네요"라고 하면 입에 발린 거짓 칭찬이 되고 맙니다. 다시 말해 도가 지나치면 위선이 되고 그럴 때 거부감을 주게 됩니다. 마음이 담긴 진심 어린 칭찬을 해야 합니다.

두 번째 칭찬의 법칙은 찾아서 하는 것입니다.

진심으로 칭찬을 하려고 하면 칭찬할 것이 마땅찮습니다. 그렇기에 칭찬은 찾아서 해야 합니다.

가출하고 밖에서 문제를 일으켜 경찰서를 들락거리는 아들을 둔 아버지와 상담하면서 아들을 볼 때마다 칭찬을 해 주라고 권했습니다. 그러자 그 아버지가 말했습니다.

"칭찬할 게 있어야 칭찬을 하죠. 매일 문제만 일으키고 경찰서에서 전화 오고……. 칭찬할 게 있어야죠."

그렇습니다. 나무랄 게 더 많을 것입니다.

그러나 그 아버지에게 "칭찬은 찾아서 하는 것입니다. 선생님, 아들이 잘하는 것을 찾아보십시오. 그리고 조그만 것이라도 그때마다 칭찬해 보십시오"라고 하고는 돌려보냈습니다.

사람은 누구나 장점도 있고 단점도 있으며, 못하는 것도 있고 잘하는 것도 있습니다. 못하는 것만 자꾸 문제 삼으면 더 못하게 될 뿐 아니라 잘하는 것마저 사라지고 맙니다. 그러나 좋은 점이나 잘하는 것을 찾아 칭찬하기 시작하면 더욱 잘하게 되고 다른 것도 잘하려고 하게 됩니다. 칭찬을 받으면 또 칭찬을 받고 싶기 때문입니다.

상담했던 그 아버지가 다음 주에 왔기에 "칭찬을 했느냐?"고 물었더니, 한 번은 아내랑 외출하고 늦게 들어오니 아들이 설거지를 깨끗이 해 놓았기에, "제대로 하는 게 하나도 없는데 그래도 그릇 하나는 잘 씻어 놓았네"라고 칭찬했다고 했습니다.

"그건 칭찬이 아닙니다. 칭찬하려면 '부엌을 깨끗이 해놓았구나. 솜씨가 깔끔하구나'라고 해야 합니다. 칭찬을 할 때는 칭찬만 해야 합니다"라고 말했더니 "하하 그렇네요. 제가 칭찬을 들어보지 못해서……"라고 겸연쩍어 하는 것이었습니다.

칭찬을 듣지 못하고 자란 사람은 칭찬하는 방법을 잘 모릅니다. 칭찬하는 가정을 만들어야 자녀들이 칭찬하는 것을 배웁니다.

세 번째 칭찬의 법칙은 칭찬을 구체적으로 하는 것입니다.

한국 축구 대표팀이 2002년 월드컵을 앞두고 1월에 미국에서 골드컵에 출전했을 때 최종엔트리에 들기 위해 노심초사하던 박지성 선수는 발목부상으로 그날 시합에 출전하지 못해 낙담하며 라커룸에 혼자 앉아 있었습니다. 이때 히딩크 감독이 통역관을 대동하고 찾아와서 "정신력이 훌륭하다. 그런 정신력이라면 반드시 훌륭한 선수가 될 수 있다"고 칭찬의 메시지를 던졌습니다. 이 말이 박지성 선수의 마음을 뜨겁게 하고 더욱 열심히 훈련하게 하는 강력한 에너지가 되었다고 합니다.

"너 정말 착하다"는 막연한 칭찬은 막연하게 들립니다. 때문에 자신이 무엇 때문에 칭찬받는지를 알지 못합니다. "너 동생과 나누어 먹는 것 보니까 정말 착하구나" "방 청소를 깨끗이 했구나" "당신 오늘 일찍 퇴근하니까 너무 멋지게 보이네요"와 같이 칭찬이 구체화되어야 자신이 무엇 때문에 칭찬받는가를 알고 그 칭찬이 에너지가 되어 앞으로도 같은 행동을 하게 되는 동력이 됩니다.

네 번째 칭찬의 법칙은 사람들 앞에서 칭찬하는 것입니다.
어떤 사람들은 사람들 앞에서 남편이나 아내, 또는 자녀를 비난하는 사람들이 있습니다. 이는 참 불행한 일입니다. 당사자에겐 이보다 더 자아를 파괴하고 자존감이 내동댕이쳐지는 것은 없습니다.

반면에 사람들 앞에서 칭찬을 받을 때 그 칭찬은 개인적으로 칭찬받을 때보다 더 큰 힘을 주며 자존감을 더 크게 높여주게 됩니다. 아이들 앞에서 "우리 엄마가 맛있는 것을 잘해 주어서 너무나 행복하다" "아빠 머리가 좋으니까 우리 철이도 머리가 좋다"라고 하거나 처갓집 식구들 앞에서 "아내가 너무 수고가 많습니다"와 같은 말을 들은 엄마, 아빠의 기분은 어떨까요? 또 이런 말을 들은 아내의 기분은 어떨까요? 상상만 해도 기분이 좋습니다. 이런 가정은 변화가 일어나고 행복한 가정이 될 수밖에 없습니다.

다섯 번째 칭찬의 법칙은 그 사람이 없을 때 칭찬하는 것입니다.

성경은 "비방하지 말라, 비판하지 말라"(약 4:11; 마 7:2)고 했습니다. 대신 "선한 말을 하여 듣는 자들에게 은혜를 끼치게 하라"(엡 4:29)고 했습니다. 그 사람이 없을 때 비방 대신에 칭찬을 할 때 그 칭찬은 참으로 아름다운 것입니다. 남의 칭찬이지만 그 칭찬을 듣는 사람도 마음이 따뜻해지며 당신을 귀하게 생각할 것이고, 결국 당사자의 귀에도 들어가서 당사자는 더욱 흐뭇한 행복에 빠질 것입니다.

여섯 번째 칭찬의 법칙은 문제가 있는 것을 더욱 칭찬하는 것입니다.

못하는 것을 못한다고 나무라기만 하면 더욱 못하는 사람이 되고 맙니다. 이것을 낙인효과(烙印, stigma)라고 합니다. "못한다. 못한다"라고 자꾸 말하면 정말 못하는 사람이 되고 만다는 것입니다. 그러나 못하는 것도 잘한다고 말하기 시작하면 잘하는 사람으로 변화되기 시작합니다. 이것을 피그말리온(Pygmalion) 효과라고 합니다.

딸아이가 호주에서 3, 4년 공부하다가 한국에 돌아와서 시험을 치렀는데, 점수가 많이 떨어졌습니다. 아이의 성적이 좀처럼 오르지 않았습니다. 나도 모르게 걱정스런 모습으로 바라보았습니다. 그런 성적을 받아오는 것은 당연한 것이었습니다. 내가 걱정만 하고 그 아이를 나무랐더라면 어떻게 성적을 올릴 수 있었겠습니까.

나는 실수한 것을 깨닫고는 "고은이는 원래 머리가 아주 좋으니까 조금만 노력하면 더 잘할 수 있을 거야!"라며 칭찬하기 시작했습니다. 시험준비 기간에도, "머리가 좋으니까 열심히 하면 좋은 성적이 나올 거야"라고 말해 주었더니 슬며시 웃으며 열심을 냈습니다. 그러더니 문학상도 받고 영어 경시대회에서 금상도 받고 이런저런 상장이 많아지고 학교 지도위원도 되었습니다.

담임선생님을 만났더니 고은이는 자기 길을 꿋꿋이 갈 수 있는 아이로 조금도 걱정할 필요가 없는 아이라며 대견해 했습니다. 칭찬을 받으면 변화가 일어나고 자아 정체성도 분명해집니다.

사람을 변화시키는 칭찬

예수님도 칭찬할 것을 찾아서 구체적으로 칭찬하셨습니다. 사람들 앞에서 백부장을 칭찬하셨고 문제가 있을 때는 더욱 칭찬하셨습니다.

마태복음 16장 16절에서 베드로가 "주는 그리스도시요 살아 계신 하나님의 아들이시니이다"라고 고백하자 예수님은 "바요나 시몬아 네가 복이 있도다. 이를 네게 알게 한 이는 혈육이 아니요 하늘에 계신 내 아버지시니라. 또 내가 네게 이르노니 너는 베드로라. 내가 이 반석 위에 내 교회를 세우리니 음부의 권세가 이기지 못하리라"(마 16:17)라고 크게 칭찬을 하셨습니다.

베드로는 이 칭찬을 들을 당시 그의 새 이름대로 반석이 아니라, 원래 이름 시몬(바람에 흔들리는 갈대란 뜻)처럼 문제 있는 믿음의 소유자였습니다. 주님을 보고 물 위로 걷다가 금방 빠지기도 했고, 주님을 세 번이나 부인하기도 했습니다. 그럼에도 예수님은 흔들리는 시몬을 반석 같은 믿음의 소유자라고 칭찬하셨던 것입니다.

주님은 베드로의 좋은 점을 찾아 칭찬하고 문제 있는 믿음, 흔들리는 갈대 같은 믿음을 제자들 앞에서 더욱 칭찬해서 반석 같은 믿음이 되게 하셨습니다. 피그말리온 효과가 나온 것입니다. 칭찬에는 이처럼 사람을 변화시키는 위대한 힘이 있습니다.

아이가 50점을 받아왔습니다. 어떻게 칭찬해야 할까요? 잘했다고 하면 정말로 잘한 줄로 알고 더 이상 공부하려고 하지 않을 것입니다. 그보다는 "그래도 40점보다는 잘했구나. 조금만 더 열심히 하면 60점도 받겠다"라고 하면 그 아이는 '다음에 꼭 60점을 받도록 해야지' 하고 작정합니다.

남편이 술에 취해 새벽 1시에 들어왔습니다. 이때 아내가 "도대체 지금 몇 시예요?" 하고 짜증내면 속은 시원해도 남편의 습관은 변하지 않습니다. 그러나 "당신 그래도 길 잃지 않고 집까지 잘 찾아오니 다행이에요. 다른 사람들은 엉뚱한 데 가기도 한다는데. 다음엔 기다리는 사람도 생각해서 조금 일찍 오세요"라는 말을 한 달만 계속하면 아무리 술을 좋아하는 남편이라도 술을 멀리 해야겠다고 작정하고 반드시 일찍 귀가하게 되어 있습니다. 저는 이렇게 해서 변화된 사람들을 수없이 많이 보고 있습니다. 사람은 칭찬을 먹고사는 존재요, 칭찬을 먹으면 변화되는 존재입니다.

일곱 번째 칭찬의 법칙은 칭찬도 독이 될 수 있다는 것입니다.

모든 사람에게는 칭찬이 필요합니다. 그러나 칭찬이 독이 되는 경우도 있습니다. 어떤 사람에게는 칭찬이 힘이 되고 에너지가 되고 변화의 동력이 되기도 하지만, 어떤 사람에게는 교만하게 만들고 변화와 성장을 멈추게 할 수도 있습니다.

교만과 자만에 빠져 있는 사람에게 잘한다고 칭찬만 하면 정말로 자신이 잘하고 있다고 착각해서 더욱 자만심에 빠져 들게 됩니다. 그래서 나태해지고 교만해집니다.

한국 월드컵 대표팀의 감독이었던 히딩크 감독이 박지성 선수에게는 일부러 찾아가서 구체적으로 칭찬했지만 모 선수에게는 칭찬은커녕 오히려 조롱하며 자극을 주었다고 합니다. 왜냐하면 그 선수는 거들먹거리고 자만심에 빠져 훈련을 게을리했기 때문이라고 했습니다. 칭찬을 듣고 자만에 빠지고 오만해진다면 좋은 칭찬도 때로는 독이 될 수 있습니다. 그러므로 칭찬을 듣고 점점 자만에 빠지고 나태해진다면 칭찬을 줄이고 적절히 해야 합니다.

칭찬을 거부하는 사람

모든 사람이 칭찬을 하면 좋아할 것 같지만 칭찬을 하면 거부하는 사람도 있습니다. 그 이유는 칭찬에 익숙치 못해 듣기가 거북하기 때문입니다. 즉, 칭찬을 들으면서 살아오지 못했기 때문입니다. 그런가 하면 내면의 상처가 많은 사람들은 말로 상처를 많이 받았기 때문에 거부감이 더 심합니다. 그러므로 이런 사람에게는 더 많은 칭찬, 더 진심 어린 칭찬, 더 구체적인 칭찬을 계속 해야 합니다. 사실 내면에선 더 많은 칭찬을 갈구하고 있습니다.

삶의 기쁨을 주는 칭찬

바울은 "푯대를 향하여 그리스도 예수 안에서 하나님이 위에서 부르신 부름의 상(칭찬)을 위하여 달려가노라"(빌 3:14)고 말했습니다. 바울의 삶의 원천은 다가올 칭찬을 바라보는 기쁨에 있었습니다.

예수님도 "보라 내가 속히 오리니 내가 줄 상이 내게 있어 각 사람에게 그가 행한 대로 갚아 주리라"(계 22:12)라고 하셨으며, 베드로는 우리의 믿음의 시련이 "예수 그리스도께서 나타나실 때에 칭찬과 영광과 존귀를 얻게 할 것이니라"(벧전 1:7)라고 했습니다.

우리는 영원한 하나님 나라의 칭찬을 바라보며 믿음의 삶을 살아가야 합니다. 주님이 장차 해 주실 이 칭찬이 오늘 우리 삶에 가장 큰 기쁨이요 오늘을 살아가는 삶의 에너지로 삼아야 합니다. 칭찬이 있는 곳에는 능력이 극대화되고 변화가 일어나며, 기쁨의 샘이 솟아오르고 고난 속에서도 말할 수 없는 행복을 느끼게 합니다.

어디를 가든지 칭찬의 말을 하고 누구를 만나도 먼저 칭찬을 아낌없이 하는 사람이 행복한 사람이요 변화를 만드는 사람, 행복을 만드는 사람입니다.

4

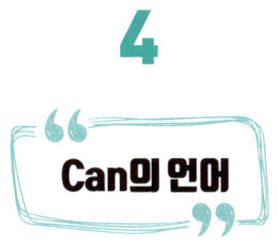
Can의 언어

　한 초등학교에서 시험을 앞둔 어느 날 담임선생님이 학생들에게 푸른 눈의 아이들이 갈색 눈의 아이들보다 머리가 훨씬 좋다고 말했습니다. 그리고 시험을 쳤습니다. 점수를 매겨 보니 푸른 눈의 아이들이 갈색 눈의 아이들보다 10점 이상 높게 나왔습니다.

　그 후에 담임선생님은 이번에는 갈색 눈의 아이들이 푸른 눈의 아이들보다 훨씬 머리가 좋다고 말하고 나서 다시 시험을 쳤습니다. 그 결과 이번에는 푸른 눈의 아이들보다 갈색 눈의 아이들에게서 평균 10점 이상 높은 점수가 나왔습니다.

'Can의 언어'는 '할 수 있는' 사람을 만든다

　성경은 "네가 땅에서 무엇이든지 매면 하늘에서도 매일 것이요 네가 땅에서 무엇이든지 풀면 하늘에서도 풀리리라"(마 16:19)고 말씀하고 있습니다.

사람의 말은 무엇이든 맬 수도 풀 수도 있는 능력이 있으며, 인간의 능력을 위축시키기도 하고 극대화시키기도 합니다.

'Can(할 수 있다)'의 말은 Can(할 수 있는)의 사람을 만들어 줍니다.

아들과 함께 맨 처음 공을 찬 것은 아들이 초등학교 2학년 때였습니다. 우리 가족이 사는 아파트 공터에서 함께 공을 찼는데, 처음에 아들은 헛발질을 하고 공을 엉뚱한 데로 날려보내면서 "안 돼, 아빠. 어려워. 못하겠어"라고 말했습니다. 이때 대부분의 사람들은 "똑바로 차봐" "그것도 제대로 못해?" 하고 질책의 말을 합니다. 저도 언어의 비밀을 몰랐다면 그렇게 말했을 것입니다. 그러나 언어의 비밀을 알기에 "아냐, 넌 할 수 있어. 처음엔 축구 선수들도 다 실수하는 거야. 계속 연습하면 잘할 수 있게 될 거다. 넌 할 수 있어! 하나님이 도와주시니까 잘할 수 있어!"라면서 아이에게 'Can의 언어'를 계속 불어넣어 주었습니다.

그 결과 자신감을 갖게 된 아들은 3학년이 되자 자기 반에서 가장 축구를 잘하는 스트라이커가 되었습니다. 아이들이 축구를 하기 위해 편을 가르면 서로 자기편으로 끌어가려고 난리를 피운다며 자랑스럽게 말하던 기억이 납니다.

우리 아이는 초등학교 3학년 학기말 시험을 치르고 제가 있던 호주로 왔습니다. 오기 전에 아이는 전화로, "아빠, 나 이번에 3학년 전체에서 1등 했어"라고 말했습니다. 아들의 학교는 서울에서도 가장 수준이 높다는 강남 지역에 있었습니다. 아들은 그 흔한 학원 한 번 다닌 적이 없었습니다. 집에서 혼자 공부해서 1등을 했던 것입니다.

호주에 와서 학교에 들어간 아이는 졸업할 때까지 단연 돋보이는 존재였습니다. 학교에서 아들을 모르는 사람이 없었습니다. 말하자면 유명인사(?)였습니다. 아이는 무엇이든 못한다고 하는 게 없었습니다.

언젠가 아이의 학교에 들렀다가 점심시간에 호주 아이들과 잔디 운동장에서 공을 차는 모습을 볼 수 있었는데, 아들은 그곳에서 완전히 스타가 되어 있었습니다.

"가브리엘(영어 이름), 너는 어쩌면 그렇게 공을 잘 차니?" 하고 아이들이 묻는다고 했습니다.

호주에서는 봄에 '크로스컨트리'라는 달리기 대회가 열립니다. 아들은 2년 연속 학교에서 1등을 해서 학교 대표로 시드니 초등학교 대항 대회에 참가했습니다. 그림 실력도 뛰어납니다. 아이가 다니던 웨스트미드 초등학교에서 학교 안내책자 표지 그림을 학생들에게 공모한 적이 있는데, 아들이 그린 학교 그림이 공모에 뽑혀 학교 안내책자 표지 그림으로 나오기도 했습니다. 물론 성적도 아주 우수했습니다.

제가 한국으로 돌아오면서 아들도 함께 한국에 와서 중학교를 다니게 되었습니다. 한국에서 만 3년간 공부를 못했습니다. 각 과목의 진도가 호주는 2-3년 정도 뒤쳐집니다. 또 3년간 영어만 했으니 국어는 모르는 것이 많았고, 국사는 호주 역사를 배웠으니 삼국시대도 정확히 몰랐습니다. 그래도 영어는 유리할 것이라고 생각했지만 영어점수도 만점이 나오지 않았습니다.

우리 아이는 한국어를 배우고 호주로 나갔기에 웬만한 통역, 번역도 할 수 있었습니다. 그런데도 만점이 나오지 않은 이유는 한국의 영어시험에는 영어단어나 문장의 액센트를 찾는 문제가 나오기 때문입니다. 우리 아이는 정확한 액센트로 말하지만 이것을 찾는 것은 어려운 일이었습니다. 반대로 한국 학생들은 말은 잘 못해도 액센트를 찾으라면 잘 찾았습니다.

우리 아이는 한국에 돌아와서 다른 아이들이 다 다니는 학원도 전혀 다니지 못했습니다. 집에서 혼자 공부했습니다. 그러다가 시험 날짜가 닥쳤습니다. 한국에 온 지 얼마 되지 않았기 때문에 좋은 성적을 기대하지는 않았습니다. 첫 학기에는 60점, 70점만 나와도 정말 잘한 것이라고 생각했습니다. 그런데 1학년 때 학업성취도 시험에서 평균 92점이 나왔습니다. 그리고 한국으로 돌아온 지 불과 6개월만에 학급에서는 2등, 학년에서는 7등을 했습니다. 그 후로 집에서만 공부해도 1등을 했습니다.

뿐만 아니라 다재다능한 모범생이기도 합니다. 2학년 초에는 학교 대표로 1명만 받는 모범상을 받았습니다. 그리고 3학년 때는 압도적인 지지로 학생회장이 되었습니다.

축구, 농구 웬만한 운동은 못하는 것이 없습니다. 한국의 친구들도 "너는 어떻게 뭐든지 잘하니?"라고 묻는다고 합니다. 그때마다 아들은 "나는 하나님이 함께해 주신다"고 대답했다고 합니다. 친구 중에는 시험 볼 때 와서 기도 좀 해달라는 친구도 있다고 합니다. 아들은 늘 입버릇처럼 말합니다.

"하나님이 함께해 주신다."

이제는 청년이 되었지만 이 말은 오늘도 계속되고 있습니다. 하나님이 함께하시므로 모든 것이 가능한 것입니다.

이렇게 장황하게 아들 이야기를 하는 것은 아들의 뛰어남을 이야기하고자 함이 아니라 "너는 할 수 있다. 하나님이 너와 함께하신다"는 말이 얼마나 힘이 있는지를 보여 주고 싶기 때문입니다. 말은 곧 믿음을 만들며 그 사람을 만듭니다.

'할 수 있다'는 사람을 도우시는 하나님

하나님은 어떤 사람과 함께하실까요?

"내 삶을 두고 맹세하노라. 너희 말이 내 귀에 들린 대로 내가 너희에게 행하리니"(민 14:28)

하나님은 우리가 말하는 대로 행하시는 분입니다. 하나님은 "할 수 없다" "안 된다" "어렵다" "힘들다"고 말하는 사람을 위해서는 일하실 수가 없습니다. 반면에 "할 수 있다"고 말하면 할 수 있는 사람이 되게 해 주십니다. 하나님은 "할 수 있다"고 말하는 사람을 할 수 있도록 해 주시는 분입니다.

저는 아들에게 끊임없이 'Can의 말'을 불어넣어 주었습니다. 크로스컨트리 대회에 참가했을 때 그의 곁에 서서 수없이 이 말을 해 주었고, 그림을 그릴 때나 공부를 할 때에도 이 말을 해 주었습니다. 무엇을 할 때든지 "넌 할 수 있다. 하나님이 너와 함께하신다"라고 말해 주었습니다. 아들이 늘 입버릇처럼 말하는 "하나님이 나와 함께하신다"라는 말은 제가 그에게 심어 준 믿음의 유산입니다. 내가 한 것은 그것밖에 없습니다. 그러나 이 말이 위대한 역사를 이루고 있는 것입니다.

이 다재다능한 아들이 있기까지는 주님께서 하신 말씀, "할 수 있거든이 무슨 말이냐. 믿는 자에게는 능히 하지 못할 일이 없느니라"(막 9:23)는 'Can의 말'이 있었습니다.

"두려워하지 말라 내가 너와 함께함이라"(사 41:10)

모든 사람은 무슨 일을 할 때마다, 또는 어려움을 만날 때마다 '할 수 있을까? 가능할까?'라고 염려하고 걱정하며 불안해합니다. 하나님은 이런 인생들을 위해 성경에서 365번이나 "두려워하지 말라"고 말씀하셨습니다. 1년이 365일인 것을 생각하면 매일매일 우리 삶 속에서 두려워하지 말라고 하신 것입니다.

"네가 하는 게 그 모양이지 별 수 있겠어?" "뭐 하나 제대로 하는 게 있어야지"라는 식으로 말하면 아무것도 할 수 없게 만들어 버립니다. 그러므로 항상 모든 사람에게 "넌 할 수 있어. 하나님이 너와 함께하신다"라고 말하는 사람이 되어야 합니다. 이렇게 말하는 사람이 곧 변화를 만드는 사람, 행복을 만드는 사람입니다.

나 스스로에게 주는 가장 귀한 선물

'할 수 있다'는 Can의 말은 다른 사람에게만 줄 수 있는 선물이 아닙니다. 이 Can의 말은 나 스스로가 내게 줄 수 있는 가장 귀한 선물이기도 합니다. 나를 강한 나로 만드는 능력이 됩니다.

로마서 7장 21-23절에서 바울은 "내가 한 법을 깨달았노니 곧 선을 행하기 원하는 나에게 악이 함께 있는 것이로다. 내 속사람으로는 하나님의 법을 즐거워하되 내 지체 속에서 한 다른 법이 내 마음의 법과 싸워 내 지체 속에 있는 죄의 법으로 나를 사로잡는 것을 보는도다"라고 말하고 있습니다.

그렇습니다. 내 속에 또 다른 내가 있어 어떤 환경에 부딪히면 나에게 속삭입니다.

'과연 내가 할 수 있을까?'

'못해. 어려워. 힘들어. 안 돼.'

그러면 나는 힘이 빠지고 마음이 답답해져서 주위를 어둡게 바라보기 시작합니다. 인간은 에덴동산에서 선악과를 딴 이후로 사탄의 지배를 받으면서 하나님의 형상, 하나님의 권세와 능력을 마음 깊은 곳에 묻어버리고 말았습니다. 그러나 예수 그리스도를 믿고 하나님의 자녀가 된 사람은 "누구든지 그리스도 안에 있으면 새로운 피조물이라. 이전 것은 지나갔으니 보라 새것이 되었도다"(고후 5:17)라는 말씀처럼 새로 태어난 존재입니다. 이전 사람이 아닙니다.

이제 우리는 그리스도 예수님을 믿고 하나님의 자녀가 되었으므로 하나님의 권세, 하나님의 형상을 회복한 사람입니다. 그러나 사탄의 지배를 받는 옛 사고에 묶여 있으면 우리 마음속에 두려움이 자리 잡게 됩니다. 이런 옛 사고 때문에 우리는 두려움과 불안에 휩싸일 때가 많습니다. 그러므로 내 안에 있는 나에게 끊임없이 "할 수 있다"는 Can의 말을 불어넣어야 합니다.

거대한 태산을 무너뜨리는 'Can의 언어'

제 나이 40세가 되면서 시드니에 있는 모 신학대학에 교수로 나가게 되었습니다. 그래서 한국의 모든 것을 정리하고 가족과 함께 출발했습니다. 그런데 도착하고 보니 뜻밖의 문제가 생겼습니다. 그러나 한국으로 다시 돌아올 수도 없는 상황이어서 호주에서 새 생활을 시작해야 했는데, 그 과정에서 부딪힌 문제는 한두 가지가 아니었습니다.

당장 생활문제, 아이들 학교문제, 비자문제 등등 각종 문제가 거대한 태산처럼 산적해 있었습니다. 마음이 답답해져 왔습니다. 그래서 응접실 벽에다가 "I can walk on the water! Because God is with me"(나는 물 위를 걸을 수 있다. 왜냐하면 하나님이 나와 함께하시기 때문이다)라고 써붙였습니다. 그리고 소파에 앉을 때마다 그 문구를 바라보면서 끊임없이 내 자신에게 말했습니다.

"I can walk on the water!"

비자문제, 생활문제, 학교문제, 사역문제 등 답답하기만 하던 문제들을 이 문구를 바라보고 말하면서 하나하나 풀어나갈 수 있었습니다.

어느 날 우리 집에 온 이웃사람이 이걸 보고 고개를 갸우뚱했습니다. 그리고 이게 뭐냐고 물어왔습니다. 그가 내 마음을 어찌 알 수 있겠습니까? 나는 웃음으로 대답해 주었습니다.

바울도 끊임없이 외쳤습니다.

"내게 능력 주시는 자 안에서 내가 모든 것을 할 수 있느니라"(빌 4:13)

세상을 이기는 힘도 내 마음속에서 시작되고 사탄을 이기는 힘도 내 마음속에서 시작되며, 문제를 이기는 힘도 내 마음속에서 시작됩니다. 이 마음을 움직이는 힘이 바로 나의 말입니다.

"안 된다" "못한다" "어렵다" "힘들다"라는 말은 불행과 실패를 만듭니다. 그런 말은 내 영혼을 죽이고, 내 인생을 죽이고, 내 삶을 짓밟는 죽음의 메시지입니다. 내 안에 있는 나도 끊임없이 'Can의 말'을 기다리고 있습니다.

두려움이 엄습해 올 때나 문제를 만나게 될 때, 끊임없이 자신에게 'Can의 말'을 말해 주어야 합니다.

"나는 할 수 있다! 왜냐하면 하나님이 나와 함께하시기 때문이다!"
(I can do it! Because God is with me!)

이렇게 말하기 시작하면 당신의 마음속에 하나님의 능력이 넘쳐흐르기 시작할 것입니다.

하나님이 주시는 변화를 만드는 'Can의 언어'

하나님은 이스라엘 백성을 애굽 땅에서 구출해 내시고, 젖과 꿀이 흐르는 축복의 땅, 가나안으로 인도하셨습니다. 이스라엘 백성이 모두 가나안 땅 앞에 도착했습니다. 하나님이 모세에게 각 지파 중에서 한 사람씩 뽑아 열두 명의 정탐꾼을 가나안으로 보내도록 하셨습니다. 열두 명의 정탐꾼들은 40일 동안 가나안 땅을 정탐하고 돌아와서 모세에게 보고를 했습니다.

먼저 열 명의 정탐꾼들이 보고했습니다.

"그 땅 거주민은 강하고 성읍은 견고하고 심히 클 뿐 아니라 거기서 아낙 자손을 보았으며……우리는 스스로 보기에도 메뚜기 같으니"

(민 13:28,33)

이 말을 들은 두 정탐꾼 여호수아와 갈렙은 자기들의 옷을 찢으며 소리쳤습니다.

"이는 과연 젖과 꿀이 흐르는 땅이니라. 다만 여호와를 거역하지는 말라. 또 그 땅 백성을 두려워하지 말라. 그들은 우리의 먹이라. 그들의 보호자는 그들에게서 떠났고 여호와는 우리와 함께하시느니라"(민 14:8-9)

하나님은 열 명의 정탐꾼의 말을 듣고 진노하셨습니다.

"이 백성이 어느 때까지 나를 멸시하겠느냐"(민 14:11)

하나님은 "안 된다" "못한다" "어렵다" "힘들다"고 말한 열 지파의 사람들에게 진노하시고 그들을 멸하셨습니다(민 14:36-37). 그리고 그들을 따르던 이스라엘 백성을 다시 광야로 되돌아가게 하시고 여호수아와 갈렙만을 젖과 꿀이 흐르는 땅으로 인도하셨습니다.

"안 된다" "못한다" "어렵다"라고 하는 사람은 결코 행복의 땅, 젖과 꿀이 흐르는 땅의 주인이 될 수 없습니다.

"할 수 있다" "하나님이 도우신다" "하나님이 함께하신다"고 말하는 사람에게만 하나님이 함께하시고 행복의 땅, 젖과 꿀이 흐르는 땅의 주인이 될 수 있고 변화의 주인공, 행복의 주인공이 될 수 있습니다. 그러므로 "할 수 없다" "안 된다" "못한다" "어렵다" "힘들다"라는 말을 우리의 입에서 몰아내야 합니다.

"나는 할 수 있다. 하나님이 나와 함께하시기 때문이다"라는 'Can의 언어'는 당신을 변화와 행복의 주인공이 되게 할 것입니다.

하나님이 아브라함을 찾아오셔서 가장 먼저 하신 말씀은, "내가 너로 큰 민족을 이루고 네게 복을 주어 네 이름을 창대하게 하리니 너는 복이 될지라"(창 12:2)라는 말씀이었습니다. 하나님은 아브라함에게 미래의 꿈을 제시해 주셨습니다.

첫째, 큰 민족을 이룰 것이요(will)
둘째, 네 이름이 존귀하게 될 것이며(will)
셋째, 복의 근원이 될 것이다(will).

하나님은 아브라함에게 '될 것이다'라는 'Will의 메시지'를 주신 것입니다.

예수님은 안드레가 데려온 베드로를 만나셨을 때 "네가 요한의 아들 시몬(갈대)이니 장차 게바(반석)라 하리라"(요 1:42)라고 말씀하셨습니다. 이 말씀은 "너는 지금은 네 이름처럼 흔들리는 갈대이지만 앞으로는 반석 같은 사람이 될 것이다"라는 'Will의 언어'였던 것입니다. 주님의 그 말씀이 후일 베드로를 반석 같은 믿음의 사람으로 만들었습니다. Will의 언어는 축복의 언어입니다.

말은 축복의 도구

하나님이 처음 사람을 지으시고 축복하실 때 "하나님이 그들에게 복을 주시며 하나님이 그들에게 이르시되 생육하고 번성하여 땅에 충만하라, 땅을 정복하라, 바다의 물고기와 공중의 새와 땅에 움직이는 모든 생물을 다스리라"(창 1:28)라고 말로 축복하셨습니다.

금은보화를 주시고 재산을 주신 것이 아니었습니다.

노아가 셈과 야벳을 축복할 때 "셈의 하나님 여호와를 찬송하리로다. 가나안은 셈의 종이 되고 하나님이 야벳을 창대하게 하사 셈의 장막에 거하게 하시고 가나안은 그의 종이 되게 하시기를 원하노라"(창 9:26-27)라고 말로 축복했습니다.

야곱은 장자권의 축복을 어떻게 받으려고 했습니까? 어머니 리브가와 함께 맛있는 요리를 해서 아버지 이삭에게 축복의 말(기도)를 듣고자 했습니다.

제사장의 축복권이 어떻게 이루어진다고 했습니까?

"그들은 이같이 내 이름으로 이스라엘 자손에게 축복할지니 내가 그들에게 복을 주리라"(민 6:27)

제사장의 축복도 말에 의해 이루어진다고 했습니다.

그 말대로 셈의 후손이 축복을 받았고, 야곱이 축복을 받았고, 아브라함도 축복을 받아 그 이름이 창대해지고 믿음의 조상이 되었습니다. 베드로도 예수님이 하신 축복의 말씀대로 반석 같은 믿음의 축복을 받았습니다.

말은 축복의 도구입니다. "너희 말이 내 귀에 들린대로 내가 너희에게 행하리니"(민 14:28)라고 하나님이 약속하셨습니다. 우리가 말한 대로 축복이 나타날 것입니다.

자녀들을 축복하십시오. 배우자를 축복하십시오.
교회 가족들을 축복하십시오. 교회 지도자도 축복하십시오.
당신이 축복하는 대로 축복이 나타날 것입니다.

그 축복은 당신의 말에 의해 이루어집니다.

당신이 축복하는 말 그대로 하나님의 축복이 임할 것입니다.

말은 변화의 도구

둔재 아인슈타인을 천재로 만든 말

'천재' 하면 누구나 가장 먼저 아인슈타인(Einstein)을 떠올립니다. 잘 알려진 대로 그는 4살 때까지 말도 제대로 못하는 아이였고, 초등학교 생활기록부에 "성공할 가능성이 희박하다"라고 적혀 있을 만큼 모자라는 아이였습니다. 결국 이런 이유로 퇴학을 당한 아인슈타인이지만 오늘날에는 천재의 대명사로 불리고 있습니다.

이 둔재의 잠자는 잠재력을 깨워서 천재로 만든 것은 그의 어머니였습니다.

그의 어머니는 아인슈타인이 공부를 못해서 매를 맞아 빨갛게 부어 버린 손에 입을 맞춰 주면서 이렇게 말해 주었습니다.

"사랑하는 아들아, 너에게는 다른 사람이 가지지 못한 특별한 재능이 있다. 너는 반드시 훌륭한 일을 하게 될 것이다."

어머니가 끊임없이 부어준 이 'Will의 메시지'가 드디어 아인슈타인을 15세도 되기 전에 뉴턴, 스피노자, 데카르트의 책을 읽을 정도로 변화시켰고, 상대성 원리를 발견하는 세계적인 천재로 만들었습니다.

조지 뮬러를 성자로 만든 말

5만 번 이상 기도 응답을 받은 기도의 사람이자 3천 명 이상의 고아를 기른 고아들의 아버지 조지 뮬러는 청소년 시절에는 동네의 심각한 부랑아였습니다.

아버지의 돈을 훔치고, 거짓말을 일삼고, 친구와 어울려 유흥업소와 경찰서를 자기 집처럼 들락거리다가 결국은 교도소를 다녀오기도 했습니다. 이런 그를 마음을 잡게 해서 오늘날 기독교사에 빛나는 성자가 되게 한 것도 말 한마디로 시작되었습니다.

어느 날 동네 목사님에게 상담을 하러 간 그에게 목사님은 이렇게 말했습니다.

"조지! 나쁜 버릇을 하루아침에 고칠 수는 없지만 하나님은 한 번 택하신 자녀를 절대로 버리지 않으신다. 낙심하지 않고 노력만 하면 너는 반드시 훌륭한 사람이 될 거야."

이 말이 계속 그의 영혼을 흔들었습니다. 드디어 그는 아버지와 화해하고 새벽 4시에 일어나 공부하기 시작했습니다. 그리고 오직 신앙생활에만 전념하는 새로운 생활을 시작했습니다.

19세가 되는 해에 오직 하나님을 위해 살기로 결단하고 할레(Halle) 대학교 신학과에 입학하여 성자의 발걸음을 내딛기 시작했습니다. "넌 반드시 훌륭한 사람이 될 것이다"라는 목사님의 말이 조지 뮬러를 성자로 만든 씨앗이 되었습니다.

우리는 우리 아들 딸에게 항상 이렇게 말해야 합니다.

"너는 중요한 사람이다. 너는 특별한 사람이자 하나님의 자녀이다.
 앞으로 하나님의 귀한 일을 할 사람이다."

우리 아이들을 붙들어주고 하나님의 사람으로 키워 주는 것이 바로 이 말입니다. 지금부터 말해 보십시오.
Will의 말은 가능성을 깨워 주는 메시지이자 위대한 꿈과 소망을 불어넣는 축복의 언어입니다.

만나는 사람마다에게 주는 가장 귀한 선물

'Will의 언어'는 내가 만나는 모든 사람에게 줄 수 있는 귀한 선물입니다.

어느 날 교회에 갔더니 집사님 아들이 피아노를 요란하게 치고 있었습니다. 반주를 배우지 못했기에 시끄러운 소리일 뿐이었습니다. 엄마가 아이를 보고 "그만해! 피아노도 못 치면서 시끄럽게만 하고 있어. 빨리 내려와" 하고 나무라는 것을 보고 저는 말했습니다.

"집사님 무슨 말이에요? 가만 두세요. 마음껏 쳐보게. ○○는 앞으로 반주를 통해 하나님께 영광을 돌릴 거예요."

"그래요? 정말 그럴까요?"

"그럼요."

그 후에 무슨 일이 일어났을까요?

이 말을 들은 아이는 집안 형편이 어려워 피아노 학원에 다닐 수 없었습니다. 그래서 사촌형의 집을 수시로 드나들면서 사촌이 피아노 치는 것을 곁눈으로 열심히 배워 연습했다고 합니다. 그러더니 2년 후에 다니던 교회에서 피아노 반주자가 되었습니다. 3년 후에는 초등학생인데도 해외 찬양 선교팀 반주자로 선발되어 어느 날 일본 찬양 선교를 떠난다고 했습니다.

엄마에게 면박당하는 것이 안쓰러워 제가 던졌던 그 한마디가 그 아이에게 놀라운 변화를 만들어 내었습니다.

"넌 사람되기 다 틀렸어." "문제아야, 문제아." 이런 말은 아이의 미래를 잘라버리는 죽음의 언어입니다.

교회에 오면 산만한 아이가 있었습니다. 그 아이를 볼 때마다 머리를 쓰다듬으면서 "○○는 귀한 사람이 될 것이다" "앞으로 훌륭한 사람이 될거야"라고 몇 차례 그렇게 말해 주었더니 아이의 태도가 달라졌습니다. 의젓해지기 시작하더니 산만함이 사라지기 시작했습니다. 그 후로 그 아이의 부모도 "목사님이 ○○이가 귀한 사람이 된다더라, 훌륭한 사람이 된다더라"는 말을 수시로 했다고 합니다. 몇 달이 지나자 전혀 새로운 아이가 되었고 또 공부하는 시간도 늘어서 학교 성적도 올라가기 시작했습니다.

"너는 존경받는 사람이 될 것이다"라고 말하면 그 아이는 그 말대로 되려고 합니다. 그래서 무엇을 어떻게 할까를 생각하고 존경받을 수 있는 삶의 태도를 갖게 됩니다. 그 말이 바로 그 사람을 만들어 가는 것입니다.

말이 그 사람의 미래를 만듭니다. 변화를 만드는 사람은 끊임없이 Will의 언어를 말하는 사람입니다.

"너는 특별한 재능이 있다. 너는 반드시 훌륭한 일을 하게 될 것이다."(아인슈타인의 어머니)

"하나님은 한번 자신의 자녀로 삼은 자녀는 절대로 버리지 않으신다. 낙심하지 말고 꾸준히 노력하면 훌륭한 사람이 될 것이다."(조지 뮬러의 동네 목사님)

당신의 입술에는 축복의 권세가 있습니다. 당신의 말이 변화를 만들 것입니다.

6 감사 언어

콜린 파월이 배운 삶의 교훈

이라크의 쿠웨이트 침공으로 시작된 걸프만 전쟁의 영웅이며, 다국적군 총사령관으로 인명 피해 없이 전쟁을 승리로 이끈 미합참의장 콜린 파월(Colin Powell)은 흑인으로서는 처음으로 미국 대통령 후보로 거론되었을 정도로 영향력 있는 사람입니다. 부시가 대통령이 되면서 최초의 흑인 국무장관이 되었고, 뉴욕 빈민가 출신의 장관으로도 유명합니다.

그는 17세가 되던 여름방학 때 처음으로 음료수 제조공장에 아르바이트를 나갔습니다. 신이 나서 일하러 간 첫날, 백인 아르바이트생들에게는 기계 앞에서 콜라를 담는 일이, 그에게는 걸레질이 맡겨졌습니다. 그도 콜라 기계 앞에 앉고 싶었습니다. 그러나 그는 낙심하거나 불평하지 않았습니다. 후일 그는 그때의 일을 이렇게 회고했습니다.

"그때 나는 최고의 청소부가 되기로 마음먹었습니다. 그래서 이리 뛰고 저리 뛰고 열심히 걸레질을 했습니다. 어느 날 누군가가 콜라 상자를 시멘트 바닥에 넘어뜨려 거품이 마룻바닥 전체를 뒤덮어 도저히 혼자서는 그 일을 감당할 수 없었으나 혼자 열심히 걸레질을 해서 깨끗이 치워냈습니다."

여름 방학이 끝나자 감독관이 말했습니다.
"자네 일을 잘하는군."
"제게 배울 수 있는 충분한 기회를 주셔서 감사합니다."
다음 해 방학 때 다시 그곳에 아르바이트를 하러 간 파월은 콜라 기계 앞에 앉았고, 그다음 해에는 부감독으로 일하게 되었습니다.

또 하나는 파월을 감동시킨 일화입니다.
아르바이트를 하던 공장에서 어느 날 그는 다른 인부들과 함께 도랑을 파는 일을 하게 되었습니다. 그때 한 사람이 삽에 몸을 기댄 채 회사가 충분한 임금을 주지 않는다며 불평하고 있었습니다. 그 옆에서 한 사람은 묵묵히 열심히 도랑을 파고 있었습니다.
몇 해가 지난 후 다시 그 공장에 아르바이트를 하러 갔을 때 여전히 한 사람은 삽에 몸을 기댄 채 불평을 늘어놓고 있었지만 열심히 일하던 사람은 지게차를 운전하고 있었습니다.

또 여러 해가 흘러 그곳에 다시 갔을 때 삽에 기댄 채 불평만 하던 그 사람은 원인불명의 병으로 장애인이 되어 회사에서 쫓겨났지만 열심히 일하던 그 사람은 그 회사 사장이 되어 있었습니다.

이 일화는 파월의 인생에 큰 교훈이 되었다고 합니다.

그는 항상 하나님이 자신을 보고 있다는 생각으로 어떤 환경에서도 최선을 다하며 감사하며 일한다고 합니다. 뉴욕 빈민가 출신의 한 흑인 소년이 오늘의 빛나는 자리에 오를 수 있었던 것은 이렇듯 어려운 환경 속에서도 결코 불평하지 않고 감사하며 묵묵히 일한 결과였습니다.

성경은 "오히려 감사하는 말을 하라"(엡 5:4)고 말씀하고 있습니다. 원망하고 불평하는 말은 결국 내 인생에 덫이 되어 불행을 가져옵니다. 반면 주어진 삶 속에서 감사하며 사는 사람은 장군도 될 수 있고, 사장도 될 수 있습니다.

불평은 쓰레기와 같습니다. 쓰레기가 쌓인 곳엔 온갖 더러운 파리 떼가 날아옵니다. 감사는 꽃과 같습니다. 꽃이 피는 곳에는 나비가 찾아와 춤을 춥니다. 그런데도 많은 사람들이 자신의 인생에 나비를 부르지 않고 파리 떼를 부르고 있습니다.

감사 없는 생활과 저주

누가복음 17장을 보면 고침 받은 열 명의 나병 환자 이야기가 나옵니다. 고침을 받은 열 사람 중 오직 한 사람만이 돌아와 주님께 감사를 드렸습니다. 이 성경 구절을 읽으면서, '아무리 그래도 나병까지 나은 사람들이 정말 그렇게 감사하지 않았을까?' 하고 생각해 본 적이 있습니다. 그런데 조금은 긴 인생을 살고 보니, 인간의 모습에 실제로 그러한 점이 많다는 것을 깨닫게 되었습니다.

우리는 감사의 말을 쉽게 잊어버리고 불평의 말을 더 많이 합니다. 그 말이 자신을 불행하게 만드는 덫임에도 불구하고 그것을 모른 채 파멸의 독을 내뿜고 있는 것입니다.

감사하지 못하는 사람은 결코 행복한 인생을 살아갈 수 없습니다. 주님은 감사 인사를 한 한 나병 환자에게 "네 믿음이 너를 구원하였느니라"(눅 17:19)라고 하셨습니다. 그렇다면 아홉 명의 나병 환자는 구원을 못 받았다는 이야기입니다. 그들은 병에서 고침은 받았지만 구원은 받지 못했습니다. 그러나 이 한 명의 나병 환자는 나병에서 고침 받았을 뿐 아니라 그보다 더 큰 구원을 주셨습니다.

감사를 잊을 때 얼마나 큰 것을 잃어버리는가, 감사하는 사람은 얼마나 큰 은혜를 얻을 수 있는가를 말하고 있는 것입니다.

갈 때 마음과 올 때 마음

우리 옛말에 "화장실 갈 때 마음과 올 때 마음이 다르다"는 말이 있습니다. 고침 받은 아홉 명의 나병 환자들이 바로 그러했습니다.

방송을 듣고 전화했다는 한 여인의 전화를 받게 되었습니다. 당시 저는 대전극동방송에 출연하고 있었습니다. 여인은 남편이 가출한 지 두 달이 넘었는데 소식도 없고 돌아오지 않아서 미칠 것만 같다고 울며 상담을 해왔습니다. 저는 오랜 시간 그녀와 상담을 하고 기도해 주면서 반드시 남편이 돌아올 것이라는 강한 영감이 임하여서 남편은 틀림없이 곧 돌아올 것이라 말해 주며 기도하라고 했습니다.

그녀는 전화를 끊으면서 자기 가정을 위해 계속 기도해 달라고 간절히 부탁했고, 몇 번씩 반드시 은혜를 갚겠다고 강조했습니다. 그날 이후 간절한 그녀의 부탁에 여운이 남아 기도하고 또 기도해 주었습니다. 그 후 시간이 흘러 어찌됐나 궁금해서 전화를 해 보았더니 벌써 남편이 돌아왔다고 말했습니다. 기도 부탁하던 것까지 잊은 듯했습니다. 물론 바쁜 삶이라 그럴 수 있다고 생각합니다.

그동안 작지만 여러 사람을 도와왔는데 감사하는 사람은 그리 많지 않았습니다. 그러나 저는 실망하지 않습니다. 왜냐하면 골로새서 3장 23-24절에서, "무슨 일을 하든지 마음을 다하여 주께 하듯 하고 사람에게 하듯 하지 말라. 이는 기업의 상을 주께 받을 줄 아나니 너희는 주 그리스도를 섬기느니라"고 말씀하셨기 때문입니다.

사람에게 감사의 말을 들으려고 기대하면 반드시 실망하게 됩니다. 누구를 만나든지 주님께 하듯 하고 상도, 감사도 주님께 받을 것을 바라보고 해야 합니다. 그러나 감사해야 할 사람이 감사를 잊어버릴 때 행복도 잃어버리고 기쁨도 잃어버리며, 더 큰 은혜도 잃어버리게 됩니다. 감사를 잊지 않는 사람의 인생에는 더 큰 하나님의 은혜가 임하고 향기로운 꽃이 피고 행복의 나비가 춤을 추는 인생이 될 것입니다.

내 탓, 조상 탓

우리 옛말에, "잘되면 제 탓, 못되면 조상 탓"이라는 말이 있습니다. 출애굽기 16장 2-3절을 보면 이스라엘 온 회중이 "그 광야에서 모세와 아론을 원망하여 이스라엘 자손이 그들에게 이르되 우리가 애굽 땅에서 고기 가마 곁에 앉아 있던 때와 떡을 배불리 먹던 때에 여호와의 손에 죽었더라면 좋았을 것을 너희가 이 광야로 우리를 인도해 내어 이 온 회중이 주려 죽게 하는도다"라고 원망하는 내용이 나옵니다.

이스라엘 백성들은 광야에서 배고픔이 찾아오자 모세와 아론을 원망하며 덤벼들었습니다. 이에 대하여 출애굽기 16장 8절은 "여호와께서 저녁에는 너희에게 고기를 주어 먹이시고 아침에는 떡으로 배불리

시리니 이는 여호와께서 자기를 향하여 너희가 원망하는 그 말을 들으셨음이라. 우리가 누구냐 너희의 원망은 우리를 향하여 함이 아니요 여호와를 향하여 함이로다"라고 그때의 상황을 말해 주고 있습니다.

모세와 아론에 대한 원망은 곧 하나님에 대한 원망이었습니다. 우리도 삶 속에서 부모를 원망하고, 형제를 원망하고, 이웃을 원망하고, 환경을 원망하곤 합니다. 이는 곧 하나님에 대한 원망임을 알아야 합니다.

신명기 8장 16절은 "다 너를 낮추시며 너를 시험하사 마침내 네게 복을 주려 하심이었느니라"고 말씀하고 있습니다. 모든 문제는 마침내 내게 행복을 주기 위한 하나님의 계획 속에 있습니다. 그러므로 우리가 문제로 인해 원망하는 것은 행복을 걷어차는 어리석은 행위입니다.

진리는 좁은 길에 있습니다. 그러나 그 길은 갈수록 넓어지는 생명의 길입니다. 좋은 일은 자기가 잘해서라고 생각하고, 어려우면 남의 탓을 하는 사람은 결코 변화를 만드는 사람, 행복한 사람이 될 수 없습니다.

어려움이 닥치면 하나님이 내게 더 좋은 것을 주시기 위함이라 생각하여 감사하고, 좋은 일이 생기면 먼저 하나님과 이웃에 감사하는 사람이 변화를 만드는 사람이 되고 행복한 사람이 될 것입니다.

열 가지와 한 가지

　우리 속담에 "열 가지를 잘해 주다가 한 가지를 잘못하면 불평한다"는 말도 있습니다. 하나님은 이스라엘 백성들을 애굽의 노예에서 구출해서 죽음의 홍해를 건너게 하시고 낮에는 구름기둥, 밤에는 불기둥으로 보호하시며 매일 새벽 만나를 내려 주셨습니다. 그런데도 그들은 하나님의 수많은 은혜는 생각하지 않고 고기와 과일이 없다고 불평하기 시작했습니다.

　민수기 11장 4-6절은, "그들 중에 섞여 사는 다른 인종들이 탐욕을 품으매 이스라엘 자손도 다시 울며 이르되 누가 우리에게 고기를 주어 먹게 하랴. 우리가 애굽에 있을 때에는 값없이 생선과 오이와 참외와 부추와 파와 마늘들을 먹은 것이 생각나거늘 이제는 우리의 기력이 다하여 이 만나 외에는 보이는 것이 아무것도 없도다"라고 기록하고 있습니다.

　우리는 하나님으로부터 받은 많은 은혜는 생각하지 않고 한두 가지 어려움이 오면 불평할 때가 많습니다. 이 원망과 불평이 불행과 실패를 만드는 재료가 됩니다. 이 원망과 불평을 내 입술에서 몰아내야 합니다. 그래야 우리 인생을 묶는 저주의 사슬이 풀어질 수 있습니다.

감사의 7가지 법칙

그러면 어떻게 감사해야 할까요? 감사에는 일곱 가지 법칙이 있습니다.

첫 번째 감사의 법칙은 생각과 마음으로 하기 전에 먼저 말로 하는 것입니다.
우리가 감사하며 살지 못하는 이유 중 가장 큰 이유는 감사의 말을 안 하기 때문입니다.

우리는 이 책의 서두에서 말의 권세에 대해서 보았습니다. 말은 우리의 생각과 마음을 지배합니다. 원망하고 불평하며, 짜증나고 괴로운 마음일지라도 감사하다고 말하기 시작하면 점점 마음과 생각도 감사로 바뀌어져 갑니다.

그래서 인도와 미국의 폭소클럽에서 특별한 유머프로그램으로 유머를 만들어 웃는 것이 아니라 무조건 웃기 시작하면 점점 마음과 생각이 즐거움으로 바뀌고 있습니다.

감사를 마음으로, 생각으로 하려면 어려워지고 결국 못하게 됩니다. 감사할 것을 생각해야 하니 점점 어려워집니다. 그런데 생각하기 전에 먼저 말로써 하게 되면 쉬워지고, 감사가 풍성해집니다. 그러하기에 먼저 말로 하라는 것입니다.

반면에 사람을 만나서 이렇게 저렇게 감사의 말을 하다 보면 감사가 아주 풍성해져 갑니다. 그런가 하면 감사를 마음과 생각으로 하려다 보면 나의 감사를 사람들이 제대로 알지 못합니다. 말하지 않는데 어떻게 사람들이 나의 마음과 생각을 알겠습니까?

감사를 말할 때 사람들에게 나의 감사가 전해지고 느껴지고 나타나게 되며, 나 또한 점점 감사의 사람이 되어 갈 것입니다.

두 번째 감사의 법칙은 어렵고 힘든 환경에서도 감사를 말하라는 것입니다.
말은 우리의 환경과 운명을 지배합니다. 짜증과 불평의 말을 내어놓으면 그 인생은 점점 짜증과 불평에 휩싸입니다.

 반면에 감사의 말을 내어놓기 시작하면 점점 모든 환경이 감사로 바뀌어 갑니다.

에디슨의 감사

1914년 겨울, 미국 뉴저지 주 웨스트오렌지 시에 있는 에디슨의 연구소에서 갑자기 불길이 치솟았습니다. 200만 달러의 실험장비와 평생 연구한 귀중한 자료들이 한순간에 잿더미로 변했습니다.

이튿날 아침 잿더미로 변한 연구소를 바라보며 67세 노인 에디슨은 이렇게 말했습니다.

"우리의 모든 잘못된 것은 다 불타 버렸다. 새롭게 시작할 수 있게 되었으니 하나님께 감사드린다."

역시 위대한 사람은 위대한 말을 할 줄 아는 사람입니다.

에디슨이 잿더미를 바라볼 때 한숨과 절망의 말이 나올 상황이었을 것입니다. 그러나 그는 그런 말 대신 감사의 말을 했습니다.

말은 우리의 마음과 생각과 행동을 지배합니다. 환경과 운명도 지배합니다. 하나님을 움직입니다. 흙탕물이라도 계속 맑은 물을 부으면 흙탕물은 사라지고 깨끗한 물이 됩니다. 환경이 아무리 어려워도 계속 감사의 말을 부으면 당신의 환경과 운명은 감사할 상황으로 변할 것입니다.

세계적 거부였던 록펠러(Rockefeller)도 "감사를 모르는 사람은 부자가 될 수 없다"라고 했습니다.

민수기 14장 28절에 "여호와의 말씀에 내 삶을 두고 맹세하노라. 너희 말이 내 귀에 들린 대로 내가 너희에게 행하리니"라고 했습니다.

이스라엘 백성들은 은혜는 잊어버리고 원망과 불평으로 광야에서 유리하다 멸망당했지만 감사의 말로 사는 사람은 하나님께서 그 말대로 우리 인생을 감사로 넘치게 만들어 주실 것입니다.

그러므로 위대한 사람, 변화를 만드는 사람, 행복한 삶을 사는 사람은 감사의 말의 비밀을 아는 사람들이었습니다.

에디슨이 그랬고, 록펠러가 그랬고, 콜린 파월이 그랬습니다. 그래서 성경은 "범사에 감사하라"(살전 5:18)고 말합니다.

세 번째 감사의 법칙은 생활 속에서 감사를 말하는 것입니다.

택시를 타고 내릴 때도 "감사해요"라고 말하고 아이가 엄마의 부탁을 들어주었을 때도 "고맙다"고 말하고 일찍 퇴근한 남편에게 "고마워요. 일찍 와 주어서"라고 말하고 늦은 밤 식사를 준비해 주는 아내에게 "고마워요"라고 말하는 것은 생활 속에서 감사하는 것입니다.

네 번째 감사의 법칙은 사소한 것에 감사하는 것입니다.

감사는 큰 일에만 감사하는 것이 아니라 사소한 것에서 시작하는 것입니다. 사소한 것이라도 당연한 것이라 생각하고 그냥 넘어가지 말고 감사의 말을 내어놓으라는 것입니다.

저희 교회 집사님 중에 예배드리고 나면 꼭 "목사님, 오늘 말씀 너무 감사합니다" 하고 감사 인사를 하는 분이 있습니다. 사소한 것이지만 그냥 넘기지 않고 감사하는 그분의 얼굴에는 항상 평안이 있고 기쁨이 있습니다. 그분의 감사하는 모습이 제 생각 속에서 떠나지 않아 기도하게 됩니다.

다섯 번째 감사의 법칙은 감사할 대상에게 감사를 잊지 않는 것입니다.

　감사의 대상은 하나님과 사람입니다. 그런데 감사해야 한다는 것을 알면서도 바쁘다 보니 감사를 깜박 잊어버릴 때가 많습니다.

　우리나라 유명정치인의 숙부가 소송을 제기했는데 내용인즉 그 정치인이 중학교, 고등학교 시절을 자기 집에서 보냈는데 그때 들어간 비용, 학비, 생활비 등 해서 7천만원을 달라는 청구소송이었습니다. 그 정치인이 바쁘다 보니 잘 뵙지도 못하여 노하셨다 보다며 사과를 드렸다고 합니다. 그 정치인이 감사한 생각은 갖고 있었지만 바쁘다 보니 잊어버리고 감사를 전하지 못해 일어난 일이겠지요.
　시편 50편 22절에 "하나님을 잊어버린 너희여, 이제 이를 생각하라. 그렇지 아니하면 내가 너희를 찢으리니 건질 자 없으리라"고 했습니다. 하나님에 대한 감사를 잊을 때 하나님과도 멀어집니다.
　하나님께 은혜를 입은 것, 또 사람에게 은혜를 입은 것을 생각하고 기억하여 그 감사를 말로 할 때 은혜가 넘치는 삶이 될 것입니다.

솔로몬의 축복

여섯 번째 감사의 법칙은 2감 1구하는 것입니다.

열왕기상 3장 5-13절에서 솔로몬이 하나님께 일천번제를 드렸을 때 하나님이 솔로몬에게 나타나셔서 "내가 네게 무엇을 줄꼬 너는 구하라"(5절)라고 하셨습니다.

그때 솔로몬은 "주의 종 내 아버지 다윗이 성실과 공의와 정직한 마음으로 주와 함께 주 앞에서 행하므로 주께서 그에게 큰 은혜를 베푸셨고 주께서 또 그를 위하여 이 큰 은혜를 항상 주사 오늘과 같이 그의 자리에 앉을 아들을 그에게 주셨나이다"(6절)라고 말하고 나서 지혜를 달라고 했습니다.

보통 사람 같으면 구하기부터 했을 것입니다. 그런데 솔로몬은 구하기 전에 무엇을 했습니까?

> "주의 종 내 아버지 다윗이 성실과 공의와 정직한 마음으로 주와 함께 주 앞에서 행하므로 주께서 그에게 큰 은혜를 베푸셨고"

이 말은 솔로몬이 자신의 아버지 다윗을 왕으로 삼아 주신 것을 감사합니다라는 말입니다. 그는 이어서 "주께서 또 그를 위하여 이 큰 은혜를 항상 주사 오늘과 같이 그의 자리에 앉을 아들을 그에게 주셨나이다"라고 했습니다.

이 말은 다윗의 후손으로 계속 왕위를 잇게 하시어 오늘 자신이 이렇게 왕위를 계승하게 하심을 감사합니다라는 것입니다.

솔로몬은 하나님이 구하라고 하셨지만 두 가지를 먼저 감사하고 나서 자신이 원하는 것 한 가지를 구했습니다.

이에 하나님이 모든 왕들보다 뛰어난 지혜를 주시며 구하지도 않은 부와 영광을 주어서 열왕 중에 너 같은 왕이 없을 것이라고 하시며 기뻐하셨습니다.

"2감 1구하니, 1구에 3복이라."

두(2) 가지를 감사하고 한(1) 가지를 구하니, 한(1) 가지 구한 것에 부와 영광 그리고 지혜 세(3) 가지 축복을 주셨습니다.

예수님도 하나님께 구하기 전에 먼저 감사하셨습니다.

"돌을 옮겨 놓으니 예수께서 눈을 들어 우러러 보시고 이르시되 아버지여 내 말을 들으신 것을 감사하나이다"(요 11:41)

죽은 나사로를 살리기 전에 먼저 하나님이 예수님의 말씀대로 일하여 주심에 감사드렸습니다.

바울도 빌립보서 4장 6-7절에서 "아무것도 염려하지 말고 다만 모든 일에 기도와 간구로, 너희 구할 것을 감사함으로 하나님께 아뢰라. 그리하면 모든 지각에 뛰어난 하나님의 평강이 그리스도 예수 안에서 너희 마음과 생각을 지키시리라"고 했습니다. 구하기 전에 먼저 감사하라는 것입니다. 그리하면 뛰어난 하나님의 평강이 임한다는 것입니다.

헌금 봉투에 기도 제목을 쓸 때 솔로몬과 같이 먼저 두 가지를 감사하고 한 가지를 구하면 향기로운 기도 제목이 될 것입니다.

"2감 1구하니 1구에 3복" 이것이 우리의 기도법이 될 때 하나님이 기뻐하시는 기도가 될 것입니다.

일곱 번째 감사의 법칙은 구체적으로 감사의 말을 하는 것입니다.

예수님이 죽은 나사로를 살리실 때 먼저 하나님께 감사하시면서 "아버지여 내 말을 들으신 것을 감사하나이다"라고 구체적으로 감사의 말을 했습니다.

우리가 하나님께 드리는 감사헌금의 내용을 보면 전혀 구체적이지 않을 때가 많습니다. 아무 내용이 없는 감사헌금봉투 또는 "범사에 감사합니다"라는 내용이 대표적 사례입니다. 이런 감사보다는 구체적으로 감사하는 것이 더 큰 감사, 더 은혜로운 감사가 될 것입니다.

사람에게도 마찬가지입니다. "아빠 감사해요"보다는 "아빠! 힘들게 일하여 받은 월급으로 이렇게 좋은 선물을 사 주시니 너무 감사해요"라고 할 때 기쁨과 사랑이 더 커질 것입니다.

"감사로 제사를 드리는 자가 나를 영화롭게 하나니 그의 행위를 옳게 하는 자에게 내가 하나님의 구원을 보이리라"(시 50:23)고 했습니다.

감사의 말을 내어놓는 것은 하나님을 영화롭게 하는 것이며, 감사의 말은 우리 인생을 변화시키고 행복하게 만드는 보약 중의 보약입니다.

항상 감사의 말을 하며 살아갈 때 우리 인생은 꽃이 피고 나비가 찾아오며 하나님이 더 큰 은혜를 주시는 변화를 만드는 사람이 되고 행복한 인생이 될 것입니다.

7

"진실 언어"

조지 워싱턴의 정직

금세기에 있어 가장 민주적이며 가장 강력한 국가인 미국의 기초를 세운 초대 대통령 조지 워싱턴(George Washington)은 어려서부터 정직의 중요성을 배우며 자랐습니다. 워싱턴이 한창 장난기가 심하던 6세 때 인디언처럼 도끼를 휘둘러보고 싶은 충동에 아버지의 손도끼로 뜰에 심겨진 벗나무를 찍어 기분 좋게 쓰러뜨렸습니다. 그런데 그 나무는 그의 아버지가 가장 아끼던 나무였습니다. 아버지가 그 사실을 알고는 매우 노하여 누구의 짓인지 물었습니다.

어린 워싱턴은 두려웠지만 이를 고백하고 용서를 빌었습니다. 그러자 아버지는 오히려 그의 정직함을 칭찬하며 매우 기뻐하였습니다. 워싱턴은 이때 평생을 정직하게 살기로 결심했다고 합니다. 그의 아버지는 워싱턴에게 인생에서 중요한 것이 무엇인지를 가르쳐 준 것입니다.

정직한 사람들이 누리는 행복

에베소서 4장 25절에 "거짓을 버리고 각각 그 이웃과 더불어 참된 것을 말하라"고 했습니다. 하나님은 진실하신 분이므로 정직한 자를 기뻐하며 거짓을 말하는 모든 악인의 입은 봉한다고 하셨고(시 107:42), 신명기 6장 18절에서는 "여호와께서 보시기에 정직하고 선량한 일을 행하라. 그리하면 네가 복을 받고"라고 하셨습니다. 여기서 복을 얻는다는 말의 성경 원어는 '야타브'로 '좋다, 즐겁다'라는 뜻입니다. 즉, 행복해진다는 말입니다.

성경에서 하나님이 주시는 행복을 누린 사람들은 한결같이 정직한 사람들이었습니다. 하나님이 욥에 대해 말씀하실 때 "그와 같이 온전하고 정직하여 하나님을 경외하며 악에서 떠난 자는 세상에 없느니라"(욥 1:8)고 하셨으며, 다윗 왕이 큰 은혜를 받은 이유를 "다윗이 성실과 공의와 정직한 마음으로 주와 함께 주 앞에서 행하므로 주께서 그에게 큰 은혜를 베푸셨고"(왕상 3:6)라고 했으며, 히스기야가 하나님이 주신 은혜를 누린 이유도 히스기야가 그의 조상 다윗의 모든 행위와 같이 여호와께서 보시기에 정직하게 행하였기 때문이라고 했습니다(왕하 18:3).

여호사밧(왕상 22:43), 요아스(왕하 12:2), 예후(왕하 10:30) 등에게 하나님이 은혜를 주실 때 정직이 중요한 잣대가 되었습니다. 사람이 진실한 말을 내어놓을 때 하나님이 주시는 행복을 누리게 됩니다. 그런데 전도서 7장 29절에서 하나님은 사람을 정직하게 지으셨으나 사람이 많은 꾀들을 낸다고 했습니다.

그러면 이 사람의 거짓은 어디서 왔습니까? 사탄에게서 온 것입니다. 사탄은 거짓말쟁이요, 거짓의 아비라고 했습니다(요 8:44). 거짓을 말하는 자는 사탄에 묶이고 사탄의 종이 됩니다. 거짓은 모든 죄악의 근본입니다. 시기와 모함에 거짓이 있습니다. 거짓을 말하는 사람은 불성실해지고 책임지지 않으려는 사람이 되고 속여서 유익을 얻고자 합니다. 그러므로 종국에는 파멸로 갑니다.

오늘 우리 사회에는 거짓말이 난무하고 있습니다. 거짓말을 부끄러워하지도 않습니다. 이런 사회는 행복할 수가 없습니다. 물건을 구입해도 '과연 이것이 진짜일까?' 의심해야 합니다. 사람을 만나도 '과연 이 사람을 믿을 수 있는가?'라고 생각해 보아야 합니다. 돈 몇 푼에 진실을 버리고 거짓을 말할 때 우리의 영혼은 병들게 됩니다. 이런 사람이 세상에서 가장 불쌍한 사람입니다. 노숙자보다도 더 불쌍합니다.

진실을 말할 때 우리 영혼이 깨끗해집니다. 마음이 청결한 자가 하나님을 볼 것이라고 했습니다(마 5:8). 마음이 깨끗해야 하나님과 깊은 관계를 가질 수 있고 하나님이 가까이하실 수 있습니다.

거짓으로 추해지고 오염되면 어둠의 세력에 지배를 받습니다.

우리가 누구의 영향 가운데 살아야 행복할까요? 당연히 하나님의 영향 가운데 살 때 행복해질 것입니다.

미국인이 가장 중요하게 생각하는 것

기독교 정신으로 세워진 미국은 지도자의 가장 중요한 덕목으로 정직성을 말합니다. 대통령이 조그마한 거짓말만 해도 그 자리가 흔들립니다. 가정이나 학교에서 가장 중요한 교육 가운데 하나가 정직을 가르치는 것이라고 합니다. 기독교의 가장 중요한 덕목이 정직이기 때문입니다.

경제적으로 부강해서 살기 좋은 사회가 아니라 서로 믿을 수 있는 사회, 진실한 말이 흐르는 사회가 살기 좋은 사회, 행복한 사회가 됩니다.

돈을 잃으면 작은 것을 잃은 것이요 명예를 잃으면 큰 것을 잃은 것이고 건강을 잃으면 전부를 잃어버린 것이라는 말이 있습니다. 그러나 진실로 '진실'을 잃어버리면 땅의 것뿐 아니라 하나님까지 잃어버리게 됩니다.

세 종류의 거짓말

거짓말에도 세 종류가 있다고 합니다.

가나안 땅 정복시 기생 라합이 이스라엘 정탐꾼을 숨겨 주면서 가나안 사람들에게 거짓말을 합니다. 이 일은 후에 히브리서 11장에서 의인의 믿음으로 기록하고 있습니다.

그렇습니다. 우리는 이슬람 국가에 선교를 하기 위해서 신분을 속이고 선교를 하기도 합니다. 모두 의를 위해서 하는 말이므로 거짓말이라고 악한 말은 아닙니다. 오히려 의로운 말이자 선한 거짓말입니다.

그래서 거짓말에도 새까만 거짓말이 있고, 새빨간 거짓말이 있고, 하얀 거짓말이 있다고 말합니다.

새까만 거짓말은 사람들을 속여 어떤 사실에 대해 포장하고 과장해서 진실을 왜곡시키는 거짓말을 말하고, 새빨간 거짓말은 다른 사람에게 해를 끼치고 손해를 주는 거짓말을 말하며, 하얀 거짓말은 남에게 해를 주는 거짓말이 아니라 오히려 유익을 주고 의를 이루며 선을 이루는 거짓말이라고 합니다.

거짓말을 권장하는 것은 아니지만 때로는 그것이 유익할 수도 있다는 것입니다.

우리가 멀리해야 할 거짓말은 새까만 거짓말이요 새빨간 거짓말입니다. 거짓된 말은 당장은 유익을 만들지만 끝내는 불행을 만드는 말입니다. 진실한 말은 당장은 손해를 볼 수도 있습니다. 그러나 끝내는 행복과 변화를 만드는 말입니다. 하나님은 진실을 말하는 사람의 편이요, 진실을 말하는 사람을 축복하십니다. 진실한 말을 할 때 사람을 얻고 하나님을 얻게 될 것입니다.

8

하나님의 말씀

사람의 말에는 무한한 능력이 있습니다. 온 우주와 자연을 지배하고 다스릴 수 있으며, 운명과 환경을 지배하고 마음과 생각과 육체를 지배할 수 있습니다. 하나님께서도 사람의 말에 따라서 일하십니다. 하나님께서 사람에게 말의 권세를 주셨기 때문입니다.

그러나 상암경기장의 조명이 아무리 밝다 해도 태양과 비길 수 없는 것처럼 인간의 말에 무한한 권세와 능력이 있지만 하나님의 말씀은 우리 말의 능력과 비교할 수 없습니다.

하나님의 말씀은 힘 있고 능 있어 못할 일이 전혀 없습니다. 하나님의 말씀은 어떤 것일까요?

영원한 생명을 주는 말씀

저희 가족이 호주에서 귀국하던 해 우리 가족은 그해 겨울을 충북 청원의 작은 시골마을에서 보냈습니다. 버스에서 내려 집까지 걸어가는 시골 도로변에는 젖소를 키우는 농가가 많았습니다. 그 젖소를 보니 참 신기했습니다. 먹는 것은 바싹 마른 짚단인데, 그걸 먹으면 하얀색의 완벽한 영양을 보유한 우유가 나온다는 것이 무척 신기했습니다.

베드로전서 1장 23절은, "너희가 거듭난 것은 썩어질 씨로 된 것이 아니요 썩지 아니할 씨로 된 것이니 살아 있고 항상 있는 하나님의 말씀으로 되었느니라"라고 말씀하고 있습니다. 즉, 우리가 하나님의 자녀로 태어나서 영원한 생명을 얻는 것은 다른 어떤 것으로서가 아니라 하나님의 언어, 하나님의 말씀으로 이루어진다는 말씀입니다. 소가 짚을 먹고 완벽한 영양을 가진 우유를 만들어 내는 것처럼 하나님의 말씀을 듣는 우리 인생에게도 완벽한 구원의 생명, 영원한 생명이 만들어지는 것입니다.

바울은 다메섹으로 가는 도중에 하나님의 말씀을 들었습니다.

"사울아 사울아 네가 어찌하여 나를 박해하느냐"(행 9:4)

이 말이 죽었던 그의 영혼에 생명을 불어넣었습니다. 수많은 사람들의 입술을 통해 전해진 하나님의 말씀으로 헤아릴 수 없이 많은 영혼들이 생명을 얻고 하나님께로 돌아왔습니다.

사람의 말은 이 땅에 생명을 줄 수 있으나 영원한 생명을 줄 수는 없습니다. 그러나 하나님의 말씀은 이 땅에 생명을 줄 뿐 아니라 영원한 생명을 줍니다.

영혼의 생기

심리학자 프로이드(Freud)는 인간의 속성을 '이드(Id)'와 '자아(Ego)' 그리고 '초자아(Super Ego)'로 구분해서 말했습니다. '이드'는 육체에 속한 부분이고 '자아'는 정신에 속한 부분이며, '초자아'는 양심에 속한 부분이라고 할 수 있습니다.

프로이드는 인간을 정확하게 보지는 못했지만 인간의 한 면은 어느 정도 정확히 발견했다고 평가할 수 있습니다. 성경은 인간이 영혼과 육체로 구성되어 있다고 말하고 있습니다. 그리고 육체는 흙이요, 영혼은 영원한 인간의 본질입니다. 때문에 주님은 "사람이 떡으로만 살 것이 아니요 하나님의 입으로부터 나오는 모든 말씀으로 살 것이라"(마 4:4)라고 말씀하셨습니다.

육체가 밥을 먹고 살아가듯이 우리의 영혼은 하나님의 말씀을 먹을 때 힘을 얻고 생기를 얻습니다.

한완상 장관과 말씀

서울대 교수이며 통일원 장관을 지낸 한완상 교수는 1980년대 김대중 내란 음모 사건에 연루되어 중앙정보부 지하에서 두 달간 고초를 겪을 때 숨기고 있던 성경을 읽게 되었다고 합니다. 그때 읽은 하나님의 말씀은 꿀송이처럼 달았고, 표현할 수조차 없는 기쁨이 가슴에 꽉 차서 그 지하실이 천국이 되어 감격스런 시간을 보내게 되었습니다.

그런데 화장실에 가면서 우연히 옆방을 보았는데 옆방에 같이 잡혀 온 사람의 얼굴이 사색이 되어 있었습니다. 생각 끝에 자기가 가진 성경의 반을 잘라 비밀리에 전달하였고, 며칠이 지나 그 방 앞을 지나며 그 사람을 보니 얼굴에 사색이 걷히고 생기와 화색이 돌며 기쁨이 충만해져 있는 것을 보게 되었다며 간증하는 것을 들었습니다.

모진 고문을 받고 있었지만 그들의 영혼에 하나님의 말씀이 채워지자 천국으로 변했던 것입니다.

자동차의 왕으로 불리는 포드 자동차의 창업자 헨리 포드(Henry Ford)는 1차 세계대전 당시 미대통령 우드로 윌슨(Woodrow Wilson)과 매일 성경을 1장씩 읽자고 굳게 약속한 뒤 그 약속을 지켰다고 합니다.

3,000명의 고아를 기른 고아들의 아버지 조지 뮬러 목사에게 어느 기자가 "어떻게 이런 일을 할 수 있었습니까?"라고 물었습니다. 조지 뮬러 목사는 "나는 평생 동안 말씀을 1백 번 읽었습니다. 단 하루라도 말

씀을 듣지 않으면 삶에 활력을 얻을 수 없습니다"라고 고백했습니다.

    나의 아내는 매일 성경을 읽으면서 말할 수 없는 기쁨과 소망과 생기를 얻는데, 그 기쁨과 생기는 세상 그 어디에서도 얻을 수 없는 것이라고 입버릇처럼 이야기합니다. 하나님의 말씀은 우리 영혼의 양식이며 생기입니다.

말씀으로 찾아오시는 하나님

    어느 여자분 한 분이 상담을 하러 왔습니다. 얼마 전 남편이 사귀던 여자와 외국으로 달아났는데 이혼을 청구하였다는 것입니다. 상담 심리학적으로 보면 그 남편이 가까운 시일 내에 가정으로 돌아온다는 것은 불가능해 보였습니다.

    그런데 제 아내가 그분에게 "남편이 곧 돌아올 것입니다. 하나님이 이사야 45장 2-3절 '내가 너보다 앞서 가서 험한 곳을 평탄하게 하며 놋문을 쳐서 부수며 쇠빗장을 꺾고 네게 흑암 중의 보화와 은밀한 곳에 숨은 재물을 주어 네 이름을 부르는 자가 나 여호와 이스라엘의 하나님인 줄을 네가 알게 하리라'라는 말씀을 기도 중에 주셨습니다. 마음을 넓히면 좋겠습니다. 하나님을 믿고 의지합시다"라고 위로해 주었습니다.

    낙심하며 괴로워하던 그분이 그 말씀을 듣고 반신반의하며 너그럽게 남편과 연락을 나누게 되었습니다. 얼마 지나지 않아 정말로 기적같이 그 남편이 한국으로 돌아오고 집으로 돌아왔습니다. 그 말씀 그대로 이루어졌습니다.

시편 107편 20절에 "그가 그의 말씀을 보내어 그들을 고치시고 위험한 지경에서 건지시는도다"라고 했습니다. 하나님의 말씀은 사람이 할 수 없는 일을 만들어 내며, 모든 위기에서 건지는 기적을 일으킵니다.

말씀과 행복

에이브러햄 링컨(Abraham Lincoln)이 태어나서 말문이 열리자마자 그의 어머니 낸시 여사는 아들에게 매일 성경을 읽어 주었습니다. 링컨이 9살 때 어머니는 천국으로 떠나면서, 유산으로 백만 에이커의 땅을 물려주는 것보다 성경을 네게 물려주는 것이 더 기쁘다고 말하며 하나님의 말씀을 듣고 하나님의 말씀대로 살라고 유언했습니다.

링컨은 초등학교도 나오지 못했지만 유산으로 받은 성경을 삶의 자원으로 삼았습니다. 그 결과 미국 역사에서 가장 위대한 대통령으로 남게 되었습니다. 링컨은 "이 세상의 모든 좋은 것은 하나님의 말씀을 통해 우리에게 온다"라는 말을 남겼습니다.

미국의 거부였던 록펠러도 "내 사업의 모든 아이디어는 하나님께로부터 왔다"고 했습니다. 시편 1편 1~3절은 "복 있는 사람은 악인들의 꾀를 따르지 아니하며 죄인들의 길에 서지 아니하며 오만한 자들의 자리에 앉지 아니하고 오직 여호와의 율법을 즐거워하여 그의 율법을 주야로 묵상하는도다. 그는 시냇가에 심은 나무가 철을 따라 열매를 맺으며 그 잎사귀가 마르지 아니함 같으니 그가 하는 모든 일이 다 형통하리로다"라고 말씀하고 있습니다.

여기서도 "복 있는"은 '에셰르'로 행복이란 말입니다. 행복한 사람은 하나님의 말씀에 뿌리를 내리고 산다는 것입니다. 하나님의 말씀은 우리 인생에 행복을 주는 것입니다. 이 생명의 말씀을 마시는 사람만이 진정한 행복을 누릴 수 있습니다.

우리의 인도자

정근모 박사의 인생 길

원자력 분야의 세계적 권위자이며 스물네 살 때 미국 플로리다대에서 학생들보다 나이 어린 교수가 되었고, 한국과학기술원(KAIST) 창립 공신이며, 현재 한국 해비타트 이사장으로 사랑의 집짓기에 몰두하며 위대한 과학자보다 신실한 크리스천이 되고 싶다는 정근모 박사의 이 고백이 있기까지는 그의 인생길을 인도하신 하나님의 음성이 있었습니다.

세계적인 원자력 박사로 탄탄대로를 걷던 그가 신앙의 깊은 세계로 들어가게 된 것은 아들 때문이었습니다. 아들이 10대 때 만성 신장염을 앓게 되자 그 아들을 살리기 위해 자신의 신장을 떼어내 아들에게 이식했습니다.

그러나 아들은 계속 신장병과 싸워야 했고 정신적 고통을 못 이겨 자살을 기도한 적도 있었습니다. 이때 처절한 마음으로 하나님께 기도드리는데 어느 순간 "아들아, 너는 네 아들에 대해 감사해 본 적이 있느냐?"는 뚜렷한 하나님의 음성이 들려왔습니다.

"네 아들이 너를 위해 십자가를 졌는데 너는 한 번이라도 아들에 대해 감사해 본 적이 있느냐?"

뜻밖의 음성에 놀란 그가 어떻게 이런 가운데서 감사할 수 있느냐고 의아해할 때 "네 아들을 통해 너와 네 가족이 구원을 받지 않았느냐?"는 하나님의 음성에 비로소 그동안의 모든 의문과 절망이 걷히고 기쁨과 감사로 인해 흐르는 눈물을 감당할 수 없었다고 합니다. 그 음성으로 인해 하나님의 크신 사랑을 체험하게 되었고, 그 사건은 오늘 신실한 크리스천으로 살고 싶은 삶의 원동력이 되었습니다.

그 후 한국 정부에서 한국으로 돌아오라는 요청이 계속되었습니다. 그러나 여러 이유를 대며 거절하고자 했습니다. 그 이유 중의 하나가 아들이 고등학교를 졸업할 때까지 돌봐야 한다는 것이었습니다. 그런데 아들이 갑자기 학교 공부 대신에 검정고시를 보겠다고 했습니다. 학원에 문의한 바 평균 2년은 공부해야 합격할 수 있다는 것이었습니다. 아들은 시험 삼아 검정고시를 보겠다면서 시험을 쳤는데 뜻밖에 합격을 했습니다. 이때 세미한 하나님의 음성이 들렸습니다.

"너의 첫 번째 고민을 해결해 주지 않았느냐?"

그럼에도 선뜻 결정하지 못하고 한국행을 주저하고 있는데, 이번엔 교회 부흥회를 하던 중에 하나님의 음성을 듣게 되었습니다. 로마서의 권위자인 목사님의 로마서 강해를 전 성도가 기다렸는데, 첫 시간에 목사님의 설교가 바뀌었습니다. 비행기를 타고 오는데 성령께서 요나서를 강해하라고 하셨다며 다시스로 가는 요나의 이야기를 주제로 말씀하셨습니다. 자신을 두고 말씀하시는 하나님의 음성을 들으며 가슴이 저며와 한국으로 돌아오게 되었다고 합니다. 하나님은 자신의 음성으로 우리를 인도하십니다.

철거민 촌의 개척

1988년 6월경 우연히 서울 서초구 꽃마을의 철거민 촌에 갔다가 내 마음속에 물밀듯 밀려오는 하나님의 음성을 듣게 되었습니다.

"이곳에 내 교회를 세워라."

"하나님! 이곳은 이미 큰 교회가 있고 또 곧 철거해야 할 지역인데, 이곳에 교회가 필요합니까?"

"한 영혼이 천하보다 귀하지 아니하냐?"

그때부터 이 하나님의 음성이 제 마음을 계속 두드렸습니다.

"한 영혼이 천하보다 귀하지 아니하냐? 한 영혼이 천하보다 귀하지 아니하냐?"

나는 몸을 일으켜서 사역하던 교회를 사임하고 철거민 촌에 교회를 세웠습니다. 그곳에서 5년여 동안 목회를 하면서 수많은 역사와 수많은 영혼이 하나님께로 돌아오는 것을 보았습니다.

우리 가족이 한국의 모든 것을 정리하고 호주로 나갈 때 아내는 하나님의 인도를 받고 나가겠다고 하나님께 기도했습니다.

하나님이 아내에게 말씀하셨습니다.

"너와 네 자녀를 위해 호주로 보낸다."

아내는 하나님이 주신 평안을 얻은 후 내가 있는 호주로 왔습니다. 하나님은 우리 인생을 자신의 말씀으로 인도하십니다.

다윗은 "그가 나를 푸른 풀밭에 누이시며 쉴 만한 물가로 인도하시는도다"(시 23:2)라고 노래했습니다. 시편 119편 105절에서는, "주의 말씀은 내 발에 등이요 내 길에 빛이니이다"라고 했습니다. 하나님의 말씀은 우리에게 짐이 되거나 고통을 주는 것이 아닙니다. 우리 인생을 행복의 길로 인도하는 말씀입니다.

사람의 변화

사도 바울 이후로 기독교 역사에 가장 큰 영향을 끼친 인물이요, 성자로 추앙받는 어거스틴도 처음부터 성자의 성품을 지니고 있었던 것은 아닙니다. 그는 오히려 십 대 때부터 방탕한 생활을 시작하여 사생아를 낳을 만큼 타락한 삶을 살았습니다. 그의 어머니 모니카가 그런 아들을 위해 끊임없이 기도와 눈물의 권고를 했지만, 그는 방탕의 깊은 늪 속에 빠져서 급기야 어머니를 걷어차기까지 했습니다.

패륜과 방탕으로 젊은 날을 보내던 어느 날, 성경을 읽다가 자신의 삶을 생각하며 정원을 거닐고 있을 때 어디선가 어린아이의 노랫소리 가운데 음성이 들려오는 것을 느꼈습니다.

"말씀을 읽어라. 말씀을 읽어라."

급히 서재로 돌아와 읽던 성경을 다시 펼쳤을 때 그의 눈에 로마서 13장 13-14절이 들어왔습니다.

"낮에와 같이 단정히 행하고 방탕하거나 술취하지 말며 음란하거나 호색하지 말며 다투거나 시기하지 말고 오직 주 예수 그리스도로 옷 입고 정욕을 위하여 육신의 일을 도모하지 말라"

이 말씀이 그의 영혼을 뒤흔들어 놓았습니다. 도저히 회복할 수 없을 만큼 타락했던 그가 말씀으로 말미암아 새로운 삶으로 전환된 것입니다. 그때 그의 나이 서른둘, 그후로 그는 암브로시우스(Ambrosius)의 설교를 들으며 완전히 새로운 사람으로 변화되었습니다. 오랜 시간 깊은 어둠 속에서 살았지만 하나님의 말씀이 그를 기독교 역사에 길이 남을 위대한 성자로 만들었습니다.

그가 쓴 『신의 도성』과 타락한 시절을 참회하며 쓴 『참회록』은 기독교 역사에 빛나는 고전으로 지금도 수많은 이에게 읽히면서 깊은 감동을 주고 있습니다.

히브리서 4장 12절에 "하나님의 말씀은 살아 있고 활력이 있어 좌우에 날선 어떤 검보다도 예리하여 혼과 영과 및 관절과 골수를 찔러 쪼개기까지 하며"라고 했습니다. 하나님의 말씀은 살아 있는 말씀이요 생명이 있는 말씀입니다. 그래서 우리의 생각과 마음과 삶을 변화시킵니다. 이것이 바로 말씀의 능력입니다.

참 자유

나는 어느 날 깊은 우울증에 빠져들고 있는 자신을 발견했습니다.

'왜 이리 답답하고 우울한 것일까? 헌신적으로 동역해 주는 성도들이 있으며, 교회를 통해, 집회를 통해, 세미나를 통해 새로운 모습으로 변화된 많은 성도를 보는 기쁨이 있고, 아내의 깊은 사랑과 믿음 가운데서 밝고 건강한 모습으로 자라고 있는 아이들이 있는데……. 더구나 하나님께서 끊임없이 나를 도우시고 나와 함께해 주시는데 왜 자꾸 우울한 기분이 드는 것일까?'

나는 이 알 수 없는 답답함을 안고 며칠간 조용한 곳에서 하나님을 찾았습니다. 모처럼의 고요한 시간이었습니다. 이 고요한 시간 속에서 주님이 나에게 찾아오셨습니다.

> "이 물을 마시는 자마다 다시 목마르려니와 내가 주는 물을 마시는 자는 영원히 목마르지 아니하리니"(요 4:13-14)

이 말씀이 내 영혼 깊이 파고들 때 깜깜하던 어둠이 한순간에 사라지고, 막혔던 마음이 환한 빛으로 가득해졌습니다. 내가 왜 그렇게 우울하고 목말라했는가를 아주 분명하고 똑똑히 알게 되었습니다. 이 목마름의 원인은 언제부턴가 내 영혼이 하나님을 바라보고 하나님으로부터 오는 생수, 위로와 평안과 기쁨으로 살지 않고 세상이 주는 물, 사람이 주는 물, 사람이 주는 기쁨으로 살려고 했기 때문입니다. 바로 그것 때문에 내 영혼의 타는 목마름이 시작되었던 것입니다.

이것을 깨닫고 하나님께로 온전히 마음을 돌이키자 내 안에 한순간 잃어버렸던 생수의 강이 다시 흐르기 시작했습니다. 기쁨이 파도치기 시작했고 내 영혼을 묶고 있던 모든 사슬이 풀어졌으며, 한순간에 행복감이 마음을 가득 채웠습니다.

우리가 사람의 말로 살려고 하면 답답해집니다. 그들이 칭찬할 때나 무시할 때나 어떤 말을 하더라도 거기에 연연해하지 않도록 해야 합니다. 하나님이 주시는 생수, 주님의 음성에만 지배를 받아야 합니다. 하나님의 말씀의 지배를 받으면 참 자유와 행복이 무엇인지 알게 됩니다.

어머니로부터 하나님의 말씀을 유산으로 물려받아 1970년 미국 신문편집인협회가 실시한 역사상 가장 존경받는 인물로 선정되었고 지금도 미국민의 가장 존경받는 인물 1위인 에이브러햄 링컨 대통령도 "하나님이 나에게 주신 최고의 선물은 하나님의 말씀이다"라고 했습니다.

우리 영혼이 사람의 말로 살려고 할 때, 사람의 인정과 칭찬을 들으면서 살고자 할 때는 반드시 공허함과 굶주림을 맛보게 됩니다. 육체가 밥을 먹어야 살듯이 영혼은 하나님의 말씀을 먹어야 삽니다. 말씀을 먹지 않으면 영혼이 굶주리게 됩니다. 이때 인간은 방황하고 절망하기 시작합니다. 무지한 사람들은 세상의 것으로, 사람의 말로 굶주린 영혼을 채우려고 합니다. 그러나 영혼은 결코 그런 것으로 채울 수가 없습니다. 하나님의 말씀을 먹어야 삽니다. 물고기가 물속에서 생기가 넘치듯이 영혼은 말씀 속에 거할 때 생기와 기쁨이 넘쳐납니다. 그때 비로소 참 자유가 열립니다.

하나님은 우리에게 말씀하고 싶어하십니다. 부모가 자녀에게 말하기를 원하는 것처럼 하나님도 자녀인 우리에게 말씀하길 원하십니다.

어떻게 우리에게 말씀하실까요?

성경을 통해 말씀하신다

요한복음 1장 1절에는 "태초에 말씀이 계시니라"라고 기록되어 있습니다. 이 '말씀'을 원어로 보면 '로고스'라고 되어 있습니다. 이 로고스는 기록된 말씀이요 교과서가 되는 말씀을 의미합니다. 이 로고스는 하나님 말씀의 근본이 되는 성경 말씀입니다. 이 성경 말씀이 우리 모두에게 하나님의 말씀을 들려주고 있습니다.

우리는 이 로고스의 말씀을 통해 하나님의 생각과 음성을 듣습니다. 그래서 성경은 "복 있는 사람은 하나님의 말씀을 주야로 묵상하는 자"(시 1:2)라고 했습니다. 그리고 말씀을 묵상하는 사람은 "시냇가에 심은 나무가 철을 따라 열매를 맺으며 그 잎사귀가 마르지 아니함 같으니 그가 하는 모든 일이 다 형통하리로다"(시 1:3)라고 했습니다.

디모데후서 3장 16-17절은 "모든 성경은 하나님의 감동으로 된 것으로 교훈과 책망과 바르게 함과 의로 교육하기에 유익하니 이는 하나님의 사람으로 온전하게 하며 모든 선한 일을 행할 능력을 갖추게 하려 함이라"라고 말씀하고 있습니다.

성경은 우리를 교훈하고 잘못된 것을 책망하고 바르게 합니다. 그리고 의로 교육합니다. 그리하여 하나님의 사람으로 온전해지고 모든 선한 일을 할 수 있는 사람이 되게 합니다.

하나님은 로고스인 성경을 통해 우리 모두에게 말씀하십니다.

개인적으로 말씀하신다

우리 모두에게 보편적으로 하시는 말씀이 로고스라면 한 사람 한 사람에게 개인적으로 하시는 말씀을 '레마(rhema)'라고 합니다.

고린도후서 12장 4절은 "그가 낙원으로 이끌려 가서 말로 표현할 수 없는 말을 들었으니 사람이 가히 이르지 못할 말이로다"라고 말씀하고 있습니다. 여기서 '말로 표현할 수 없는 말을 들었다'는 것은 하나님의 음성을 들었다는 것인데, 이 '말'의 원어가 바로 '레마'입니다.

이 '레마'의 말씀은 하나님이 바울 개인에게 하신 말씀이었습니다. 그래서 바울은 그 말을 기록하지 않고 말로 표현할 수 없는 말이라고만 했던 것입니다.

누가복음 24장 8절은 "그들이 예수의 말씀을 기억하고"라고 말씀하고 있습니다. 여기서의 말씀도 '레마'인데, 예수님이 자신이 십자가에 못 박혀 죽었다가 다시 살아나리라는 말씀을 하신 것입니다.

예수님은 십자가에서 죽으시기 전에 "죽었다가 삼일 만에 살아나리라"라는 말씀을 모든 사람을 대상으로 하지 않으셨습니다. 은밀히 제자들과 특별히 따르던 사람들에게만 세 번 말씀하시면서 이 일을 아무에게도 말하지 말라고 하셨습니다. 막달라 마리아와 여자들이 무덤에 와서 빈 무덤을 보았을 때 그들은 예수님께서 그들에게 말씀하신 "부활하리라"라는 레마의 말씀을 생각하게 되었습니다.

서울의 꽃마을에서 내가 들었던 하나님의 음성, 아내가 상담을 하며 들었던 하나님의 음성, 호주에서 오면서 들었던 하나님의 음성, 정근모 박사가 들었던 하나님의 음성이 곧 레마인 것입니다.

하나님은 우리 각자를 위해서 레마의 말씀으로 말하십니다. 마치 내가 나의 두 아이에게 말하는 것과 똑같이 말씀하십니다. 나는 두 아이에게 "아침을 거르지 말고 꼭 먹고 학교에 가라"고 말합니다. 그러나 딸 고은이에게는 아침에 우유를 많이 먹고 학교에 가라 하고, 아들 민이에게는 운동을 하라고 말합니다. 고은이는 아침 대신 먹는 우유를 조금밖에 먹지 않기 때문이요 민이는 몸이 조금 약하기 때문입니다.

두 아이에게 아침을 거르지 말라고 하는 말이 '로고스'입니다. 공통적으로 일반적으로 하는 말인 것입니다. 그러나 "우유를 많이 먹어라" "운동을 해라"라는 말은 '레마'입니다. 개별적이고 특별한 상황을 말하기 때문입니다. 하나님도 우리 모두에게 하실 말씀은 성경 말씀, 즉 '로고스'로 말씀하시고, 개인적으로 하실 말씀은 각자 개인에게 '레마'로 말씀하십니다.

철거민 촌에 교회를 세울 때

나는 1988년 중반에 "한 영혼이 천하보다 귀하다. 교회를 세우라"라는 주님의 레마를 듣고 철거민 촌에 교회를 세웠습니다. 교회를 개척하고 성경 말씀, 즉 로고스로 설교를 하고 있었습니다. 그러던 어느 날 기도 중에 하나님께서 한 말씀을 주셨습니다.

> "네 하나님 여호와께서 네게 기업으로 주신 땅에서 네가 반드시 복을 받으리니 너희 중에 가난한 자가 없으리라"(신 15:4)

하나님은 우리 교회에 나를 통해 레마의 말씀을 주신 것입니다. 이것은 우리 교회에 주신 말씀이지, 다른 교회에 주신 말씀이 아닙니다. 하나님은 이렇게 성경 말씀을 내적 음성, 즉 마음속의 음성을 통해 '레마'로 말씀하실 때가 있습니다. 나와 우리 교회에 주신 약속은 영원한 유업을 주어서 나와 우리 교회의 온 성도가 가난하지 않을 것이라는 말씀이었습니다.

사실 철거민 촌은 남해의 작은 어촌에서 실패하고 한밤에 올라온 사람부터 모두가 가난에 찌들리고 인생에 찌들린 사람들이었습니다. 그래서 하나님께서 경제적으로 축복해 주겠다고 하신 것 같습니다. 나는 이 약속의 말씀을 계속 선포했습니다.

"하나님이 우리를 축복하신다고 하셨습니다. 하나님의 축복을 준비합시다."

그 후 우리 교회 성도들은 철거민 촌을 떠날 때 정부에서 주는 임대 아파트를 한 채씩 공급받아 금싸라기 서울 땅에서 다리 뻗고 살 수 있는 집을 얻게 되었습니다. 하나님의 말씀은 천지와 만물을 움직입니다.

하나님의 음성을 들으려면

우리는 모두 하나님의 음성을 들을 줄 알아야 합니다. 하나님은 우리 각 개인에게 말씀하시고자 하는 분이므로 하나님의 음성을 들을 때 변화의 삶을 살게 되고 하나님과 동행하는 삶을 살며, 하나님 뜻대로 살 수 있고 행복한 삶을 살 수 있습니다. 그럼 어떻게 하나님의 음성을 들을 수 있을까요?

하나님의 뜻대로 하기를 사모하라

나는 어려서부터 교회에 다녔기에 기도하는 생활을 배웠습니다. 그래서 응답이 무엇인지 알았으나 기도의 내용은 주로 나의 필요를 구하는 것이었습니다. 1977년도에 군 복무를 마치고 사회에 나왔을 때 사회는 경제성장의 회오리에 휩싸여 있었습니다. 나 또한 속히 경제적 기반을 잡아야 했습니다. 그래서 여러 가지 일에 손을 대다가 결국 실패하고 또 병까지 들어 주저앉았습니다. 나는 많은 대가를 치르고 나서야 비로소 믿음의 삶이란 내 뜻대로 사는 것이 아니고, 하나님의 뜻대로 사는 것이라는 큰 진리를 깨닫게 되었습니다. 그때부터 하나님의 뜻대로 사는 것이 나의 소원이 되었습니다.

그 후 나에게 다가온 가장 큰 일은 결혼이었습니다. 나는 결혼에 대해 욕심도 많았고 생각도 많았습니다. 그러나 하나님의 뜻이 우리 인생에 가장 큰 행복을 준다는 진리를 깨닫고 나서는 모든 생각을 내려놓기로 했습니다. 결혼 문제도 하나님의 뜻에 맡겼습니다. 그때 하나님은 지금의 아내를 만나게 하셨습니다.

결혼한 지 30년이 넘었습니다. 우리 부부도 여느 부부들처럼 가끔 다투기도 하고 위기의 순간도 있었지만, 하나님의 뜻대로 한 결혼이었기에 내 인생에 가장 큰 은혜 중 하나가 아내를 만나게 된 것이라 말할 수 있습니다. 아내는 늘 내게, "저는 당신을 잘 만났어요. 그리고 당신도 나를 잘 만났어요"라고 말하곤 합니다.

아내는 모든 사람에게 따뜻한 사람입니다. 그렇지만 아내는 내 인생에 바위 같은 존재이기도 합니다. 어떤 역경과 회오리 속에서도 결코 흔들리지 않는 믿음의 바위를 가진 사람인 까닭입니다. 나는 가끔 아내를 보면서 어디서 저런 믿음이 나올까 하고 감탄할 때가 있습니다. 이 믿음의 바위가 내 인생과 믿음의 길을 항상 든든히 받쳐주고 있습니다.

내 뜻대로 내 생각대로 살고자 하는 사람은 결코 하나님의 음성을 들을 수 없습니다. 내 생각에 가려서 하나님의 음성이 들리지 않습니다. 그러나 하나님의 뜻대로 살고자 하는 사람에게는 하나님의 말씀이 들립니다. 그 말씀이 곧 우리를 행복으로 이끌어 갑니다.

하나님의 뜻을 물으라

리브가는 잉태했을 때 뱃속이 이상하자 하나님께 여쭤 보았습니다.

> "아들들이 그의 태 속에서 서로 싸우는지라. 그가 이르되 이럴 경우에는 내가 어찌할꼬 하고 가서 여호와께 묻자온대"(창 25:22)

그러자 하나님께서 "두 국민이 네 태중에 있구나. 두 민족이 네 복중에서부터 나누이리라. 이 족속이 저 족속보다 강하겠고 큰 자가 어린 자를 섬길 것이라"고 말씀하셨습니다. 묻는 자에게 말씀해 주시는 하나님이십니다.

그러나 이스라엘 백성들은 가나안 땅에 들어가서 여호와께 묻지도 않고 변장을 하고서 찾아온 기브온 사람들과 화친의 맹세를 하여 결국 그 기브온 족속으로 인해 다윗 왕 때 큰 화를 당했습니다. 성경은 이를 가리켜 "무리가 그들의 양식을 취하고는 어떻게 할지를 여호와께 묻지 아니하고"(수 9:14)라고 했습니다. 그들은 중요한 일을 하나님께 묻지 않았기 때문에 낭패를 당한 것입니다. 믿음의 사람 다윗은 매사에 하나님께 묻는 사람이었습니다.

"다윗이 여호와께 여쭈어 아뢰되 내가 유다 한 성읍으로 올라가리이까"(삼하 2:1)

이스라엘 땅으로 들어오면서 유다로 가야할 지를 묻자 하나님께서 유다로 가라고 인도해 주셨다는 말입니다.

"다윗이 또 하나님께 묻자온대 하나님이 이르시되 마주 올라가지 말고 그들 뒤로 돌아 뽕나무 수풀 맞은편에서 그들을 기습하되"(대상 14:14)

다윗은 블레셋이 침범하자 하나님께 물으면서 전쟁을 했습니다. 하나님은 그에게 적의 뒤를 돌아 뽕나무 맞은편에서 공격하라고 가르쳐 주셨습니다. 다윗이 이스라엘의 가장 위대한 성군이 된 이유가 여기에 있습니다. 이처럼 무슨 계획을 세우고 무슨 일을 하든지 하나님께 물으면 하나님은 우리에게 가장 좋은 길을 말씀해 주십니다.

배우자 선택을 하나님의 뜻에 따르기로 결정하고부터 나는 하루에 한 번씩 결혼에 대하여 기도하기 시작했습니다.
"저를 가장 잘 아시는 분은 하나님이십니다. 제게 가장 합당하고 좋은 사람을 아시는 분도 하나님이십니다. 하나님이 인도해 주시옵소서. 하나님의 뜻을 따르겠습니다."

그 무렵 나는 우연히 서울에 있는 한 자매를 알게 되었습니다. 당시 나는 부산에 있었기 때문에 편지로 교제를 시작했습니다. 그러다가 우편배달 사고로 연락이 끊기고 말았습니다. 그런데 그해 크리스마스 이브에 서울에 왔다가 여의도의 교회에서 그 자매와 다시 만나게 되었습니다. 편지를 통해 서로의 마음과 신앙을 어느 정도는 알고 있었지만 막상 만나고 보니 내 마음이 깊이 끌렸습니다. 그 자매도 제게 긍정적인 반응을 보였습니다. 그러나 나는 그때부터 심각한 고민에 빠졌습니다.

'과연 이 자매가 하나님이 짝 지어 주시고자 하는 사람인가? 혹시 하나님의 뜻이 아닌데 나 혼자 생각으로 좋아하는 것은 아닌가?'

내 생각대로 살지 않고 하나님의 뜻에 따라 살겠다고 결심한 내게 심각한 고민이 아닐 수 없었습니다. 나는 부산으로 내려가는 버스에 올라타면서부터 여러 날 동안 이 질문을 하나님께 드렸습니다.

"하나님! 하나님의 뜻은 어디에 있습니까?"

그런데 며칠이 지나도 하나님은 아무 말씀이 없으셨습니다. 점점 고민이 깊어져 갔습니다. 나는 교회에 가서 전도사님과 상담을 했습니다. 전도사님은 기도할 것을 권하면서 "하나님은 기쁨과 평안으로도 말씀하는 분이세요. 그러니 기도하세요. 하나님의 뜻이라면 그 자매님과 결혼을 하겠다는 기도를 해 봐요. 기도하고 마음에 하나님이 주신 평안과 기쁨이 찾아오면 하나님의 OK 사인이고, 그렇지 못하면 하나님의 뜻이 아닐 거예요"라고 하셨습니다.

나는 그날 밤 엎드려서 간절히 기도했습니다. 마음 깊은 곳에서 말할 수 없는 기쁨이 샘솟듯 솟구쳐 나왔습니다. 그것은 정녕 세상이 주는 기쁨이 아니었습니다. 하나님은 직접 말씀하시기도 하지만 평안과 기쁨으로 말씀하시기도 하는 분이라는 걸 실감할 수 있었습니다. 평안과 기쁨은 하나님의 몸의 언어입니다. 하나님은 음성으로도 말씀하시지만 평안과 기쁨을 통해 몸으로도 말씀하십니다.

우리는 그해 하나님이 중매하시고 하나님이 주례해 주시는 결혼식을 올리게 되었습니다. 우리 집안은 대가족이고, 나는 그 대가족의 장손이었습니다. 할아버지 할머니도 생존해 계셨고, 삼촌 세 분과 고모 다섯 분, 부모님과 동생들이 모두 살아 있는, 집사람 표현대로 하면 쟁쟁한(?) 집안이었습니다.

그런데 이런 집안에 시집오면서 아내는 시할아버지 내의 한 벌은커녕 어느 누구의 양말 한 켤레도 해 오지 않았습니다. 처녀 때의 모든 수입은 전도와 헌금으로 하나님을 위해 다 썼기 때문에 빈손이라는 것이 그 이유였습니다. 그러나 자기는 우주만물의 주인 되신 하나님을 모시고 왔다고 했습니다.

그러나 우리 집안은 전혀 하나님과 가까운 집안이 아니었습니다. 그런데도 얼마 지나지 않아 아내에 대한 칭송이 자자해졌습니다. 과연 하나님을 모시고 온 사람은 특별한 데가 있었습니다. 지금 아내는 온 집안 사람들을 가슴에 품고 기도하는 믿음의 어머니가 되어 있습니다. 이 아내를 통해 우리 온 집안이 믿음의 계보로 바뀌게 될 것입니다.

나의 인생에서 가장 중요했던 결정은 이처럼 성공적으로 이루어졌습니다. 하나님의 음성을 듣고 결정했기 때문입니다. 하나님은 좋으신 분입니다. 기도하며 묻는 사람에게 가장 좋은 길을 말씀해 주십니다.

로고스인 성경 말씀을 묵상하라

우리는 매일 아침 식사를 하듯이 매일 로고스, 즉 성경 말씀을 보고 묵상해야 합니다. 이 말씀이 내 영혼을 살찌우는 생명의 말씀이 되고 나를 인도하는 말씀이 됩니다.

나는 아침에 먼저 하나님과 교제하며 말씀을 듣고자 합니다. 영혼의 양식을 먼저 먹는 것입니다. 어느 날 아침에 레위기 3장 말씀을 보았습니다. 그중 16-17절까지의 말씀이 내 마음을 사로잡았습니다.

"모든 기름은 여호와의 것이니라. 너희는 기름과 피를 먹지 말라"

하나님은 기름, 내장, 피 등 좋지 않은 것은 하나님의 것으로 구별하고, 이것들을 하나님께 올리라고 하셨습니다. 그리고 우리에게는 이것들을 먹지 말라고 하셨습니다. 기름이 우리에게 좋지 않다는 것은 모두 잘 알고 있습니다. 피는 어떻습니까? 의학자들은 동물의 몸 안에 있는 모든 나쁜 세균은 모두 피 속에 들어있다고 합니다. 하나님이 먹지 말라고 하신 이유가 여기에 있는 것입니다.

옛날 우리 어머니들은 고기를 구워서 살은 아이들에게 나눠주고 머리나 뼈만 먹으셨습니다. 이처럼 하나님도 우리에게 좋은 것을 주시고, 좋지 않은 기름과 피는 받으시겠다는 것입니다. 하나님이 얼마나 좋으신 분입니까?

로마서 8장 32절은 "자기 아들을 아끼지 아니하시고 우리 모든 사람을 위하여 내주신 이가 어찌 그 아들과 함께 모든 것을 우리에게 주시지 아니하겠느냐"라고 말합니다. '로고스'의 말씀이 '레마'의 말씀이 되어 좋으신 하나님의 음성을 듣게 합니다.

'요한 영성센터'의 치유와 영성 프로그램에 하나님의 말씀을 묵상하는 프로그램이 있습니다. 말씀 묵상을 통해서 치유와 영성을 체험하고, 호렙산에서 모세가 하나님을 만난 것처럼 하나님을 만나는 놀라운 일들이 일어납니다. 말씀의 권세가 얼마나 큰지 참으로 놀랍습니다.

시간을 TV나 인터넷에 온통 빼앗기지 마십시오. TV나 인터넷은 사탄의 주요 활동 무대입니다. 사탄의 소리를 듣고 있을 때 우리 인생은 깊은 수렁에 빠져들 것입니다. 하나님의 음성을 듣고 하나님의 지배를 받으십시오. 놀라운 삶이 열릴 것입니다.

말씀을 붙잡으라

서울의 꽃마을에서 교회를 개척할 때 출발 선상에서 꿈과 비전이 필요했습니다. 그때 생각난 말씀이 이사야 43장 19-20절이었습니다.

> "보라 내가 새 일을 행하리니 이제 나타낼 것이라. 너희가 그것을 알지 못하겠느냐. 반드시 내가 광야에 길을 사막에 강을 내리니 장차 들짐승 곧 승냥이와 타조도 나를 존경할 것은 내가 광야에 물을, 사막에 강들을 내어 내 백성, 내가 택한 자에게 마시게 할 것임이라"

이 로고스의 말씀을 붙들고 매일 기도하기 시작했습니다.

"하나님! 새 일을 행하여 주옵소서. 사막에 물을 내고 광야에 길을 내어 우리 성도들이 마시게 해 주옵소서."

끊임없이 기도가 이어졌고, 어느덧 이 말씀이 내 마음과 교회 안에 가득 차서 살아 움직이는 레마의 말씀이 되었습니다.

교회에 첫발을 내딘 사람들이 얼마 안 가서 인격적으로 주님을 만나 감격하기 시작했습니다. 이런 사람들이 계속해서 나타났습니다. 10년을 교회에 다녔지만 이곳에서 비로소 하나님을 만났다고 감격하는 사람도 있었고, 하나님이 누군지도 모르던 사람들이 창조주를 만난 감격에 밤을 새며 성경을 보기도 했습니다. 중풍병이 한순간에 온전해지고 말 못하던 입이 터져 말이 나오는 등 놀랍고 경이로운 일들이 교회 안에 가득 차게 되었습니다.

성경에 기록된 모든 말씀은 우리 모두에게 주신 '로고스'의 말씀이지만, 이것을 믿음으로 붙들고 자기 것으로 삼으면 그 말씀이 자기 안에서 '레마'의 말씀으로 살아 움직이기 시작합니다.

마음이 청결해야 하나님의 음성을 듣는다

마태복음 5장 8절에 "마음이 청결한 자는 복이 있나니 그들이 하나님을 볼 것"이라고 했습니다.

하나님을 만나는 데 있어서 가장 중요한 것은 마음을 깨끗하게 하는 것입니다. 보고 듣는 세속적인 것에서 자신을 지키고 보존해야 합니다. TV와 인터넷 우리 삶에 필요하지만 무서워해야 합니다. 오늘 이런 것들이 우리 영혼을 오염시키고 하나님과 단절되게 합니다. 이런 것들 때문에 하나님이 주시는 행복과 자유로부터 멀어지고 파멸과 절망에 빠지고 있는지도 모릅니다.

마음과 생각이 하나님께로 향하면 하나님이 가까이 오십니다. 하나님의 음성을 들으면 절망하거나 낙심하지 않습니다. 세상이 주는 기쁨과는 비교할 수 없는 기쁨으로 살아 갈 수 있습니다.

나의 아내는 항상 위급하거나 어려운 순간에도 동요하지 않습니다. 내가 1985년도에 직장에 사표를 내고 젖먹이 아이들을 데리고 빈손으로 신학을 시작할 때도 조금의 동요 없이 그 길에 동참하였습니다.

신학의 길을 위해 기도할 때 "강 같은 생수가 흐르게 하리라"라는 말씀으로 순식간에 마음의 어둠이 다 사라지며 하나님께서 충만한 기쁨으로 응답하셨다고 했습니다.

호주에서 생활이 시작될 때 진실하지 못한 사람으로 인해 온 가족이 곤경에 처할 때도 오히려 "하나님의 뜻이 있다며 그분과 다투지 말고 좋게 해결하자"고 말했습니다.

마음이 청결할 때 하나님의 음성을 들으며, 하나님이 주시는 경이로운 삶을 살게 됩니다. 성경을 통해서, 기독교 서적을 통해서, 찬양을 통해서 하나님을 호흡하며 자연을 통해 하나님의 치유와 손길을 느끼며 영성의 시간을 통해서 하나님과 깊은 만남을 가집니다. 사람이 하나님을 만난다는 것은 시골 농부가 임금님을 만나는 것보다 더 숨막히는 일입니다. 우리의 마음이 청결할 때 하나님을 보게 됩니다.

하나님은 좋으신 분입니다. 하나님의 말씀이 우리를 푸른 초장, 쉴 만한 물가로 인도하여 줄 것이며, 우리 영혼에 참 자유와 변화와 행복을 만들어 줄 것입니다.

"주여! 제게 말씀하소서. 당신의 음성을 제가 듣겠나이다."

3장

생명을 주는 언어

1
" 생명을 주는 언어 "

생명을 주는 언어는 인정, 격려, 칭찬, Can, Will, 감사, 진실 언어이며 하나님의 말씀입니다. 이 생명의 언어가 내 입술을 통해 펼쳐지기 시작하면 하나님이 함께하는 행복한 인생이 시작됩니다.

선생님의 말 한마디

저는 초등학교 6학년 때까지 공부를 잘하지 못했습니다. 복잡한 가정 사정 때문에 통 공부에 몰입할 수가 없었습니다. 그러다가 6학년 새 학기가 되어 새로운 담임선생님이 가정 방문을 오셨습니다(그때는 학기 초에 담임선생이 학생의 가정을 방문해서 환경을 파악했습니다). 우리 집에 오신 선생님은 어머니와 친구들이 서 있는 마당에서 나의 머리를 쓰다듬으시며, "아드님이 참 똑똑합니다"라고 칭찬해 주셨습니다. 그리고 수업시간에는 눈빛이 살아 있다고 말해 주셨습니다.

저는 6학년이 되면서 중학교 진학 문제도 있었기에 이제 공부를 좀 해야겠다고 생각하기도 했었지만, 선생님의 이 한마디 말이 여름날 다 시들어가던 상추밭에 소낙비가 쏟아진 것처럼 저에게 공부할 수 있는 생기를 불어넣어 주었습니다. 그때부터 저는 사회나 국어 같은 과목은 통째로 외우고, 수학 문제를 풀기 위해 여름밤 뜨거운 백열전등 밑에서 늦은 시간까지 공부했습니다.

성적이 단숨에 뛰어오르기 시작했습니다. 겨우 50~60점하던 점수가 80점, 90점, 100점으로 뛰어오르기 시작했고, 30~40등 하던 등수가 10등 안쪽으로 옮겨갔습니다. 저는 경남에서 소위 일류였던 진주중학교에 진학할 수 있었습니다(당시에는 중학교도 입시시험 제도였음). 그때 담임선생님의 말 한마디가 저에게 놀라운 에너지를 준 것입니다.

저는 지금까지 30여 년을 공부하면서 다른 선생님들의 이름은 거의 다 잊었지만 그분의 이름만은 생생히 기억하고 있습니다. 우재만 선생님, 살아 계시면 90의 노구가 되셨을지도 모를 그 선생님을 지금도 늘 마음으로나마 생각합니다. 생명을 주는 언어는 메마른 대지에 쏟아지는 소낙비와도 같아서 우리 영혼에 생명을 불어넣습니다.

행복한 순간, 불행한 순간

꽤나 긴 인생을 살아오면서 불행했던 순간과 행복했던 순간을 되돌아볼 때가 있습니다. 초등학교 시절에 어머니가 사는 곳을 찾았던 일이 가장 가슴 아픈 기억으로 남아 있습니다.

아버지와 어머니가 어릴 때 헤어지시는 바람에 어머니와 떨어져 살게 된 나는 어머니를 만나기 위해 종종 집을 나섰습니다. 어머니는 어느 날 먼 도시로 이사를 갔습니다. 그때 어머니가 나를 만나면 제일 먼저 "밥 먹었나?" 하고 걱정스럽게 물으며 정성껏 밥을 지어 주시던 생각이 지금도 행복했던 순간으로 기억 속에 남아 있습니다.

방학 때 시골 할머니 집에 가서 "할머니!" 하고 부르면, 할머니가 뛰어나와 "오냐, 우리 아가 왔냐?" 하고 반겨 주시던 순간들을 생각할 때도 행복이 느껴집니다.

딸아이가 어버이날에 선물한 "아빠, 사랑해요"라는 쪽지도 항상 내게 행복을 느끼게 해 주는 추억입니다. 딸아이가 준 작은 쪽지는 지금도 성경책 속에 소중히 끼워져서 내게 행복을 선물해 줍니다.

그리고 "목사님 설교에 은혜 받았습니다"라고 기뻐하며 감사하는 성도들의 고백은 제 인생에 또 하나의 행복을 느끼게 해 주는 말들입니다. 그러나 이것들보다 나를 더 행복하게 해 주는 것은 바로 주님의 음성을 들을 때입니다.

"너는 나의 기쁨이요 나의 면류관이다"(빌 4:1)

"두려워하지 말라 내가 너와 함께함이라. 놀라지 말라 나는 네 하나님이 됨이라. 내가 너를 굳세게 하리라. 참으로 너를 도와주리라"(사 41:10)

나를 알아주고 사랑해 주는 사람들의 말도 나를 행복하게 합니다. 그러나 사람들은 내게 상처도 줍니다. 그러나 하나님은 온전한 생명의 언어를 들려주십니다. 사람의 말이 촛불이라면 하나님의 말씀은 태양과 같습니다. 사람에게 진정으로 행복과 변화를 주며 생명을 주는 말은 하나님에게서 나오는 말씀입니다.

말로 받은 상처의 고통

다윗은 시편 64편 3절에서 "그들이 칼같이 자기 혀를 연마하며 화살같이 독한 말로 겨누고"라며 자기를 향한 독한 말들을 괴로워했습니다. 욥도 욥기 8장 2절에서 자기를 정죄하고 비난하는 친구를 향해 "네가 어느 때까지 이런 말을 하겠으며 어느 때까지 네 입의 말이 거센 바람과 같겠는가"라며 좌절하고 절망하며 신음했습니다.

다윗은 왕이 되지 못하고 쫓겨다니기 때문에 고통스럽다고 말하지 않았습니다. 욥도 집을 잃고 재산을 잃고 자녀를 잃은 것 때문에 고통 스럽다고 말하지 않았습니다. 그들은 친구들의 비난과 사람들의 정죄 때문에 고통하고 신음했던 것입니다.

모로코 속담에, "말이 입힌 상처는 칼이 입힌 상처보다 더 깊다"라 는 말이 있습니다. 사람의 입에서 나오는 말이 사람을 행복하게 하는 가 하면 사람에게 가장 큰 고통을 주기도 합니다.

마음의 병도 말에서 온다

현대사회는 마음의 치유를 요구하고 있습니다. 모든 사람의 마음 이 상처받고 병들어 마음 치유가 필요한 세상입니다. 이 마음의 병도 바로 사람들이 쏟아내는 말에서 옵니다. 우리는 말 때문에 마음이 병 들지 가난해서 병들지는 않습니다.

사람의 마음이 병들면 여러 가지 크고 작은 병리 현상들이 나타납 니다. 두려움, 불안, 초조, 분노, 우울, 절망, 신경과민, 자기 비하, 부 끄러움, 열등감, 자기방어, 불신, 죄책감, 결벽증, 거짓말, 방탕, 자포 자기, 교만, 파괴 심리, 책임전가, 피해의식, 부정적 자아상, 무기력증 등등 사람을 불행하게 만드는 모든 증후군들이 나타납니다. 육체적 질병보다 마음의 상처와 병은 더 고통스럽습니다.

무슨 말 때문에 이런 병든 마음이 생길까요? 바로 죽음의 언어가 만들어 놓은 것들입니다. 모함, 공격, 정죄, 비판 등 이런 죽음의 언어 때문입니다. 특히 서구 사람에 비해 우리 나라 사람들이 이런 언어를 많이 듣고 살아가기 때문에 더욱 마음의 상처를 많이 받게 됩니다. 뿐만 아니라 스스로의 말로 자신을 올무로 묶어 구덩이에 밀어넣습니다.

프랭크 가드너(Frank Gardner)는 "죽겠네, 미치겠네, 짜증나네, 열받네"라는 말을 스트레스 언어라고 했습니다. 이 스트레스 언어를 말하기 시작할 때 우리 영혼과 인생은 스트레스에 휩싸여 병들게 됩니다.

언어문화의 차이

선진국, 복지국가는 국민의 GNP가 높아져서 되는 것이 아니라 국민의 언어 수준에 따라 결정된다고 볼 수도 있습니다. 언어가 거칠면 그 사회는 병든 사회입니다. 언어가 아름다워져야 행복한 사회, 살 만한 사회가 됩니다.

그런데 왜 서구 사람들은 생명의 언어를 많이 쓰는 반면, 우리는 죽음의 언어를 많이 사용하여 다른 사람에게 마음의 상처를 주는 것일까요? 그 이유를 크게 두 가지로 설명할 수 있습니다.

서구는 기독교문화, 우리는 유교문화 때문입니다

기독교 문화는 "네 이웃을 네 자신 같이 사랑하라"(눅 10:27)는 성경 말씀을 주축으로 한 이웃 중시 문화입니다. 즉, 만나는 한 사람 한 사람을 중요하게 여기고, 다른 사람을 먼저 생각하는 문화입니다. 기독교 문화는 만나는 사람들과 말을 하면서 인간관계를 맺기 때문에 언어에 마음을 쓰게 되고, 상대의 기분과 마음을 상하지 않게 하는 말, 기쁨을 주고 소망을 주는 말들을 찾게 되었습니다.

그러나 우리의 유교문화는 윗사람을 중시하는 문화요 권위를 중시하는 문화입니다. 그래서 임금, 스승, 부모, 어른, 높은 사람들을 중시합니다. 계급사회인 것입니다. 그러므로 매순간 만나는 이웃은 마음을 쓰지 않아도 됩니다. 항상 어른, 상전만 생각하여 예를 갖추고 존칭을 쓰면 되었습니다. 그래서 아랫사람이나 종, 천민, 어린이, 약자는 무시와 천대를 받았습니다.

TV 사극에 나오는 언어를 보면 윗사람을 수발하는 자가 가마를 메는 하인들에게 "어서 모시어라. 어서 모시지 않고 무얼 꾸물대고 있느냐?"라고 호령합니다. 단순히 "자 출발하도록 해라"라고 해도 될 일을 꼭 이렇게 위협적으로 말하는 것입니다.

이처럼 유교문화는 오직 윗사람과 높은 사람들만 생각하는 문화입니다. 그러므로 어른을 위한 존칭어만 발달되었지, 평소에 만나는 사람들에 대한 언어는 발달되지 않았습니다. 동료나 아랫사람을 대하는 말은 더더욱 그러했습니다.

침략과 억압의 씨앗 때문입니다

우리 민족은 수천 년 동안 수없이 외침(外侵)을 당하고, 양반과 권문세가와 가진 자들의 억압과 착취를 당해 왔으며, 일제의 식민통치와 6·25 전쟁, 군사독재 정치를 거쳐왔습니다. 그래서 우리 민족의 가슴엔 분노와 절망감과 한(恨)이 서려 있습니다. 그러다 보니 자연히 말도 거칠어졌습니다.

"빌어먹을 놈" "쌔(혀) 빠져 죽을 놈" "썩어 문드러질 세상" 등 거친 말들이 공공연하게 사용됩니다. 영·호남, 충청도, 경기도, 이북 어디를 가도 욕설과 무시무시한 말들이 아무렇지도 않게 쓰이고 있습니다.

서구 사회는 기독교 중심의 사회로 이웃간의 관계를 중시하여 말을 중요하게 생각했습니다. 그래서 말의 스타일이 항상 어떤 상황이든지 상대를 생각하는 말을 합니다.

상대의 말을 알아듣지 못하면 우리처럼 "예? 뭐라구요?" 하지 않고 "Sorry(미안합니다)"라고 말합니다. '말을 알아듣지 못해 미안합니다. 다시 한 번 말해 주십시오'라는 말입니다.

반면에 우리나라는 유교문화 중심의 사회인데다 외국의 침략과 억압을 많이 받아서 자연스레 말이 공격적인 스타일이 되어 버렸습니다. 이로 인해 우리의 마음이 서로 상처를 주고받으며 상처를 많이 쌓아간 것입니다. 그래서 내면 치유가 절실히 요구되고 있는 것입니다.

생명의 언어와 마음 치유

말 때문에 병든 마음을 치유할 수 있는 것 또한 말입니다. 말은 사람의 마음을 병들게 할 수도 있고, 병든 마음을 치유할 수도 있는 힘을 갖고 있습니다. 그래서 야고보서 3장 9-10절에 "이것(혀)으로 우리가 주 아버지를 찬송하고 또 이것으로 하나님의 형상대로 지음을 받은 사람을 저주하나니 한 입에서 찬송과 저주가 나오는도다. 내 형제들아 이것이 마땅하지 아니하니라"라고 말씀하신 것입니다.

한 입으로 하나님의 형상대로 지음 받은 사람에게 파멸과 고통과 마음을 병들게 하는 죽음의 언어로 말하기도 하고, 사람을 살리고 치유하는 생명의 언어로 말하기도 하는 것입니다.

우리 그리스도인의 입은 사람을 병들게 하고 저주하는 말이 아니라 생명을 주고, 내면의 상처를 치유하는 치유의 언어로 말해야 할 것입니다.

성경은 "내가 너희에게 이른 말은 영이요 생명이라"(요 6:63), "미련한 자의 입은 그의 멸망이 되고 그의 입술은 그의 영혼의 그물이 되느니라"(잠 18:7)라고 말씀하고 있습니다. 나의 말이 나의 멸망을 부르고 나의 영혼을 묶는 그물이 되기도 합니다.

잠언 12장 14절에는 "사람은 입의 열매로 말미암아 복록에 족하며"라고 했습니다. 말만으로도 사람은 행복을 누릴 수 있습니다. 인정, 격려, 칭찬, Can, Will, 감사, 진실의 언어와 하나님 말씀이 있으면 어디서든 사랑과 치유와 변화와 행복을 누리게 될 것입니다.

가장 중요한 말

「생명언어학교」 프로그램을 진행하다 보면 낙심하고 절망하고 마음 아파하는 사람들을 가끔 만나게 됩니다.

'나는 부모로부터, 이웃으로부터, 말로 인해 엄청난 상처를 받았구나!'

'내 인생에 기쁨과 소망을 주는 말을 해 주는 사람이 별로 없었구나. 그리고 지금도 나에게 행복을 주는 말보다 상처를 주고 절망을 주는 사람들의 말이 더 많구나!'

이런 생각을 하며 절망스러워합니다. 그러나 분명히 알아야 할 것은 기쁨을 주고, 행복하게 하는 말을 듣고자 원하는 사람이라면 반드시 절망의 늪에 빠진다는 것입니다. 우리가 원하는 만큼, 받으려고 하는 만큼, 들으려고 하는 만큼 불행해진다는 것입니다. 내가 원하는 것을 받고 싶은 만큼, 행복하게 하는 말을 해 줄 사람은 없기 때문입니다.

남편으로부터 사랑한다는 말을 듣고 싶어도 직장 일로 피곤한 남편은 침대에 쓰러져서 잠만 잡니다. 어머니로부터 위로를 받고 싶어도 너무 노쇠해서 오히려 위로를 필요로 합니다. 아무리 주위를 둘러봐도 나를 만족시켜 줄 말을 해 줄 사람은 없습니다.

세상을 보아도 나를 행복하게 해 주는 말보다 상처 주는 말이 더 많습니다. 병든 마음으로 신음하고 있는 사람들로 가득한 곳이 세상이기 때문입니다. 설령 내 주위 사람이 내게 행복을 주는 말을 해 준다 해도 결코 채워지지 않는 공허가 있습니다. 결코 행복해지지 않습니다. 사람은 영적 존재인 까닭입니다.

토끼가 풀을 먹어야 행복할 수 있듯이 사람은 영을 가진 존재로 사람의 영은 하나님의 말씀을 먹어야 비로소 행복해집니다. 그런 까닭에 나를 행복하게 해 줄 말을 사람에게서 들으려고 하면 할수록 절망과 낙심과 허무에 빠지게 됩니다. 참으로 나를 행복하게 해 줄 말이 있습니다.

"내게 듣고 들을지어다. 그리하면 너희가 좋은 것을 먹을 것이며 너희 자신들이 기름진 것으로 즐거움을 얻으리라"(사 55:2)

나를 온전히 행복하게 해 줄 말을 변함 없이 해 줄 분은 오직 하나님이십니다.

오직 나를 행복하게 하는 말을 해 줄 수 있는 하나님께 그 말을 들으려고 하여야지, 그 말을 끊임없이 해 줄 수 없는 사람들에게서 들으려고 하면 항상 배고플 수밖에 없습니다. 사람은 영을 가진 존재요. 그 영은 하나님의 말씀을 들을 때 비로소 행복해지는 존재입니다. 그러므로 사람은 하나님 중심으로 살아야 행복해집니다. 사람 중심으로 살려고 하면 결국 불행해질 수밖에 없습니다. 하나님의 음성을 듣는 것이 참으로 행복해지는 길입니다.

변화되고 싶습니까? 행복해지고자 하십니까?

하나님의 음성을 들으십시오.

우리에게 끊임없이 사랑한다는 말을 해 주실 분은 하나님 한 분뿐이십니다. 우리에게 끊임없이 생기와 기쁨을 주실 분도 하나님뿐이십니다. 하나님 외에는 그 누구도 우리의 영혼에 참만족을 줄 수 없습니다.

제 아내는 20여 년을 함께 사역을 하면서 언제 어디서나 어떤 어려움이 와도 불평이 없었습니다.

어느 날 제가 말했습니다.

"당신은 언제나 불평 한마디 없으니 참 감사해요."

그랬더니 아내의 말이 빈민촌에서 처음 목회를 시작했을 때 너무 힘들어서 "하나님! 저를 왜 사모가 되게 하셨습니까?" 하고 하소연을 한 적이 있었는데, 어느 날 하나님께서 "내가 너를 사랑하기 때문에 사모가 되게 하였단다"라고 하시더랍니다.

그 말을 듣고 난 후부터 어떤 어려움이 와도 불평이 되지 않더라는 것입니다. 하나님의 음성이 세상 모든 것을 이기게 했습니다.

하나님의 음성 그 자체가 바로 생명이요, 기쁨이요, 행복입니다. 주님의 음성을 듣는 사람만이 이 비밀을 알 수 있습니다. 날마다 성경을 통해서 하나님의 음성에 귀 기울여 보십시오. 설교를 통해서 하나님의 음성에 귀 기울여 보십시오. 영성 깊은 글을 읽으면서 하나님의 음성을 들으십시오.

말씀을 묵상하고 기도하면서 하나님의 음성에 귀 기울여 보십시오. 찬양 속에서 하나님의 음성을 들으십시오. 자연 속에서 하나님의 음성을 들으십시오. 마르지 않는 생수로 충만해지고, 사라지지 않는 기쁨으로 감격하게 될 것입니다.

행복을 만나고 싶습니까? 변화를 만나고 싶습니까?

행복을 주는 말을 하십시오. 우리가 사람에게서 변화와 행복의 말을 들으려고 한다면 애쓰고 노력하는 만큼 절망하고 분노하지만, 우리가 그것을 바라지 않고 누군가에게 변화와 행복을 주는 말을 하려고 한다면 그때 비로소 행복의 문이 열리기 시작할 것입니다. 변화와 행복을 주는 말을 말하기 시작한 사람이 변화하고 행복한 사람이 됩니다.

그래서 성경은 "주 예수께서 친히 말씀하신 바 주는 것이 받는 것보다 복이 있다"(행 20:35)라고 말씀하셨습니다. 주려고 할 때 주는 것이 받는 것보다 더 행복한 것이라는 이 말씀을 새겨 말합시다.

지금부터 시작합시다. 만나는 모든 사람에게 행복하게 하는 말을 합시다. 그러면 변화가 일어날 것입니다. 또한 당신도 곧 행복에 파묻히고 기쁨에 싸이게 될 것입니다. 당신의 말이 당신의 행복을 만들고, 당신의 말이 모든 변화를 만들 것입니다.

당신의 말이 변화를 만듭니다!